Morihei Ueshiba
1967

Takemusu AIKIDO

Hintergründe und Grundlagen

BAND 1

Morihiro Saito
9 dan

in Zusammenarbeit mit Stanley A. Pranin

inhaltsverzeichnis

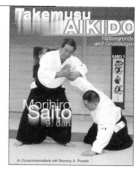

Titelfoto :
Walther von Krenner

Fotos der Innen, seiten :
Stanley A. Pranin

Übersetzung durch
Anja Gebels

Künstlerische Konzeption und Realisierung der Vorlage : Annyck Leduc (Frankreich)

Edition Budô Concepts
(Spanien)
Fax. 00 34 972 670 967

Erster Teil
Hintergründe von Stanley A. Pranin

Zweiter Teil
Grundlagen des Aikido von Morihiro Saito

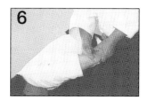

*A*ls langjähriger Schüler von Saito Sensei habe ich bereits zahlreiche Forschungen über die Geschichte des Aikido angestellt und träumte seit vielen Jahren davon, gemeinsam mit meinem Lehrer eine auf den neuesten Stand gebrachte Fortsetzung seines 5-bändigen Werkes Traditional Aikido, das vor über 20 Jahren erschien, zu veröffentlichen.

Dieser frühere Versuch, Aikidotechniken zusammenzustellen, mußte leider abgebrochen werden, und Pläne, mehrere zusätzliche Bände herauszubringen, wurden fallengelassen.

Überdies hat Saito Sensei in den darauffolgenden Jahren sein Waffensystem unablässig weiterentwickelt und verfeinert, was Bedarf an zusätzlicher Fachliteratur über dieses unerschöpfliche Thema erzeugt hat.

Es ist eine Vielzahl Fachbücher über Aikido erhältlich, die das Thema aus unterschiedlichen Blickwinkeln behandeln. Wir sind jedoch der Meinung, daß diese genau Darstellung der Techniken sowohl in ihrer Vollständigkeit als auch in ihrer Liebe zum Detail ein bedeutender Beitrag zu diesem Thema ist.

Folglich planen wir eine mehrbändige Reihe, die das gesamte Gebiet des traditionellen Aikido abdeckt und Körper- wie auch Waffentechniken behandelt. Wir haben uns dazu entschlossen, große, deutliche Fotos mit Schritt-für-Schritt-Erklärungen zur richtigen Ausführung jeder Bewegung zu kombinieren.

Ferner haben wir uns entschieden, die meisten Techniken in ihrer Gesamtheit darzustellen, statt auf Fotos oder vorhergehende Beschreibungen zurückzuverweisen.

Die meisten der Erklärungen werden durch besondere Kommentare Saito Senseis ergänzt, die zur erfolgreichen Durchführung der Techniken und zum Verständnis der grundlegenden Prinzipien jeder Bewegung beitragen sollen.

Seltene zeitgenössische Fotografien, die

Morihiro Saito und sein Schüler Stanley A. Pranin in Iwama, Japan.

4

den Begründer bei der Ausführung der jeweiligen Technik zeigen, wurden dem 1938 erschienenen Handbuch Budo und der unschätzbaren Noma dojo photo collection entnommen und an passende Stellen gesetzt, um wesentliche Punkte hervorzuheben, und die Ursprünglichkeit der Techniken zu belegen.

Dieser erste Band behandelt die wichtigsten Aikido-Grundtechniken – ikkyo bis yonkyo – in nie dagewesener Tiefe.

Wir haben es weitestgehend vermieden, Techniken, die bereits in den früheren Werken des Autors vorkamen, zu wiederholen, haben aber trotzdem eine beträchtliche Anzahl der Grundtechniken gegen eine Reihe unterschiedlichster Angriffe dargestellt.

Ergänzend dazu verdeutlicht eine Auswahl seltener Variationen für nikyo und sankyo die Vielfalt und unzähligen Anwendungsmöglichkeiten dieser Techniken.

Um die Beschreibungen der Techniken so lesbar wie möglich zu halten, haben wir davon abgesehen, japanische Ausdrücke kursiv zu drucken. Diese Ausdrücke mit den entsprechenden kanji werden im Anhang erläutert. Zusätzlich ist eine kommentierte Liste mit empfehlenswerter Fachliteratur beigefügt.

Wir hoffen aufrichtig, daß Takemusu Aikido Schüler und Lehrer dazu führt, die Komplexität und den Umfang des Aikido-Techniksystems tiefer zu begreifen und die geistige Schöpferkraft des Begründers Morihei Ueshiba dauerhaft zu würdigen.

Danksagung

An jene, die die deutsche Ausgabe bearbeitet haben, richte ich meine herzliche Danksagung. Besonders an Henning Inselmann und Anja Gebele für ihren bemerkenswerten Beitrag während verschiedener Stadien des Projekts.

Anja Gebele hat freundlicherweise die Übersetzung ins Deutsche übernommen, Henning Inselmann hat die Formatierung der Seiten der deutschen Ausgabe kontrolliert.

Daniel Toutain, direkter Schüler von Saito Sensei, Aikido Lehrer in Frankreich, hat mehrere Fotos zur Verfügung gestellt, welche kürzlich in Iwama gemacht wurden und die nicht in der Originalausgabe erschienen.

Was Annyck Leduc betrifft, sie ist die talentierte künstlerische Gestalterin dieser Ausgabe. Sie hat sich dieser Ausgabe mit viel Liebe bis ins letzte Detail gewidmet, um letztendlich den Entwurf anzufertigen, den Sie hier entdecken werden.

Schließlich möchte ich mich bei Kenichi Shibata und Matthew Carl Hill bedanken, für ihre Teilnahme als Partner von Saito Sensei auf den Fotos.

Stanley A. Pranin
Chefredakteur des Aikido Journal
Tokio, den 29. April 1999

6

武産合氣

Kalligraphie gezeichnet von
Saito Sensei : Takemusu Aiki.

Takemusu Aikido

D ie meisten Menschen, die in Industriestaaten leben, haben, selbst wenn sie sich nicht für Kampfkünste interessieren, von Aikido zumindest gehört.

Diese weite Verbreitung des Aikido hat ganz natürlich zu vielen unterschiedlichen Auslegungen der Kampfkunst geführt. Nicht zuletzt deshalb ist es schwierig, Aikido so kennenzulernen, wie sein Begründer, Morihei Ueshiba es begriffen und gelehrt hat. Ueshiba nannte die Kampfkunst, die er nach dem 2. Weltkrieg in Iwama vollendet hat, *takemusu aikido*, « die nie versiegende Quelle der Aikidotechniken ».

Ich bin einer der wenigen direkten Schüler des Begründers, die heute noch lehren, und ich betrachte es als meine Pflicht, die traditionellen Techniken so weiterzugeben, wie sie mir in Iwama gelehrt wurden. Daher habe ich gerne mit Aiki News bei der Verwirklichung dieses Buches zusammengearbeitet. Ich habe bereits eine Fachbuchreihe bei der Minato Research Company herausgegeben, die leider auf fünf Bände beschränkt bleiben mußte. Zusammen mit *Aiki News* veröffentliche ich nun diesen Band, der Techniken, Variationen und Anwendungen beinhaltet, die ich in meinen früheren Werken nicht zeigen konnte.

Dieses erste Handbuch, das als Fortsetzung meiner bisherigen Werke gedacht ist, enthält neben einer Vielzahl von Fotos, die zum Verständnis der Techniken beitragen sollen, auch viele Zitate von meinem Lehrer, dem Aikido-Begründer Morihei Ueshiba, die ich aus seinen Lehren in Iwama ausgesucht habe. Sollte eine Technik unverständlich sein oder sich nicht ausführen lassen, können die Fotos zusätzliche Hilfestellung geben.

Das Ausmaß der Kunst des Begründers ist so gewaltig, daß viele Bände nötig wären, um auch nur einen kleinen Teil des Aikido, wie er es in Iwama gelehrt hat, darzustellen. Obwohl es ein fast aussichtsloses Unterfangen ist, eine umfassende Auflistung der Aikidotechniken zu erstellen, hoffe ich aufrichtig, daß die Leser meiner neuen Buchreihe ein klares Verständnis der Prinzipien des *takemusu aiki* gewinnen.

Morihiro Saito
an meinem 66. Geburtstag Iwama, Japan, den 31. März 1994

Morihei Ueshiba, 1922

Morihei Ueshiba, 1931

Takemusu Aikido

ERSTER TEIL

Hintergründe

Morihei Ueshiba, 1961

Hintergründe und Grundlagen

1

Was ist Aikido?

Morihiro Saito bei einem Seminar in Tokio, 1991.

Hintergründe und Grundlagen

Die Kampfkunst Aikido hat in den letzten Jahren sowohl in ihrem Geburtsland Japan als auch im Ausland weite Beachtung gefunden.
In Anbetracht der ständig wachsenden Anhängerschaft der Kampfkunst während der letzten 40 Jahre und ihrer Darstellung in Hollywoodfilmen, die in letzter Zeit buchstäblich von Hunderten von Millionen Zuschauern gesehen worden sind, ist dies nur verständlich. Obwohl Aikido genaugenommen eine Kriegskunst ist, neigt die Öffentlichkeit dazu, es mit den bekannten Kampfsportarten Judo, Karate, Kung Fu und Taekwondo in einen Topf zu werfen.

Wie unterscheidet sich Aikido von anderen Kampfsystemen?
Von auffälligen Unterschieden in der Technik abgesehen, wird Aikido dadurch einzigartig, daß es eine reine Selbstverteidigungskunst ist. Im Aikido gibt es keine Angriffsbewegungen, was die philosophischen und ethischen Prinzipien dieser Kampfkunst widerspiegelt. Andere Kampfsysteme umfassen gleichermassen Angriffs- und Verteidigungstechniken, und bei vielen von ihnen überwiegt mittlerweile der sportliche Aspekt. Dies gilt z. B. für Judo (seit 1964 olympische Disziplin), Karate, Taekwondo und für verschiedene andere Kampfkünste. Vielen Schülern dieser Kampfsportarten ist nur Teilnahme und Sieg bei sportlichen Wettbewerben wichtig, das Erlernen von Selbstverteidigungstechniken tritt in den Hintergrund.

Die Betonung im Aikido liegt auf dem geistigen Wachstum des einzelnen durch das Erwerben von Fertigkeiten, die der Verteidigung dienen. Die ethische Dimension des Aikido durchdringt jeden Aspekt seiner Ausübung sowohl auf der Matte als auch im täglichen Leben. Im philosophischen System des Begründers Morihei Ueshiba ist Aikido ein Mittel, die Menschheit zu einer « Weltfamilie » zu vereinen. Es ist kein Mittel, andere zu verletzen, sondern eher ein Weg zu « liebendem Selbstschutz ».

Wenn der Aikido-Übende einer körperlichen Bedrohung ausgesetzt ist, wendet er im Idealfall nur soviel physische Gewalt an, wie nötig ist, um den Angriff zu neutralisieren und versucht gleichzeitig, den Angreifer nicht zu verletzen. Tatsächlich streben ernsthafte Aikido-Anhänger sogar nach einer höheren Stufe. Sie versuchen, ihr Leben so zu führen, daß sie unter allen Umständen Konfliktsituationen und potentielle Gewalt – sei es auf zwischenmenschlicher, gesellschaftlicher oder jeder anderen Ebene – spüren. Konfliktsituationen sollen erahnt und durch Entwicklung von Selbstvertrauen, geschärftes Bewußtsein und Voraussicht ganz vermieden werden. Um dieses Ziel zu verwirklichen, sind viele Jahre eifriger Übung unerläßlich. Aikido kann man sein Leben lang ausüben und ernsthaftes Training bringt nicht nur die ständige Verbesserung technischer Fähigkeiten, sondern auch ein tieferes Verständnis für das Wesen des Menschen mit sich.

Da sich seine Ziele von denen anderer Kampfkünste unterscheiden, zieht Aikido eher Menschen an, die sich für seine Prinzipien harmonischer Wechselwirkungen interessieren. Diejenigen, deren vorrangiges Interesse darin liegt, kämpferische Fähigkeiten zur Anwendung auf der Straße oder im sportlichen Wettbewerb zu erlangen, tendieren eher zu anderen Kampfkünsten. Es wäre allerdings falsch, Aikido-Techniken als unwirksam einzustufen. Wird es in der Tradition des Begründers Morihei Ueshiba ausgeführt, behält Aikido eine ausgeprägte kämpferische Dimension. Die Techniken werden bestimmt, aber ohne gewaltsame Absichten ausgeführt. Äußerst wirksame Hebel und Festhaltegriffe kontrollieren und lähmen den Gegner, ohne bleibende Verletzungen zu verursachen. Tatsächlich ist man mit Aikido-Techniken in der Lage, ernsthafte körperliche Schäden zuzufügen, oder sogar den Tod des Gegners herbeizuführen. Die Grundsätze des Aikido schließen solch zerstörerisches Verhalten jedoch aus.

Die weltweite Verbreitung des Aikido begann erst nach dem 2. Weltkrieg. Die Art und Weise, wie Aikido heute ausgeführt wird, geht eher auf die Interpretationen führender Lehrer wie Gozo Shioda, Koichi Tohei, Kisshomaru Ueshiba, Kenji Tomiki und Minoru Mochizuki – alles langjährige Schüler von Ueshiba – als auf den Begründer selbst zurück. Von den frühen 50er bis Ende der 60er Jahre brachten diese bekannten Lehrer verstärkt eigene Abwandlungen in das Aikido ein. Diese abgeleiteten Stilrichtungen bildeten mit der Zeit unverwechselbare Merkmale aus. Diese Entwicklung ist hauptsächlich historisch begründet und läßt sich teilweise durch die Ereignisse des 2. Weltkrieges, die lange Phase der Zurückgezogenheit des Begründers in Iwama, sein fortgeschrittenes Alter, als Aikido bekannt wurde und sein wenig ausgeprägtes Interesse für organisatorische und verwaltende Tätigkeiten erklären.

Mitte der 70er Jahre gewannen die Lehrmethoden des Morihiro Saito zunehmend an Popularität, was vor allem auf seine fünfbändige Fachbuchausgabe *Traditional Aikido* und seine regelmäßigen Auslandsreisen zurückgeführt werden kann. Saitos Erfolg kann – wie der einiger Lehrer vor ihm – seiner technischen Kompetenz und didaktisch fundierten Lehrmethode zugerechnet werden.

Saito hatte das Glück, länger als jeder andere – sowohl vor als auch nach dem Krieg – direkt bei dem Begründer zu trainieren. Was Saitos

Lehrmethoden von denen seiner Vorgänger unterscheidet, ist die Betonung auf *taijutso* (Körpertechniken) und Aiki-Waffentechniken mit ken (Schwert) und *jo* (Stab). Es gibt mehrere Gründe, warum diese Waffentechniken nicht allgemein geübt werden. Nur wenige durften mit dem Begründer Ueshiba Waffen trainieren, daher ist die Zahl der Lehrer, die diese Techniken weitergeben können, begrenzt.

Saito erwarb die vollkommene Beherrschung der Waffen in langen Jahren des Trainings mit dem Begründer in Iwama und durch seine ständigen Bemühungen in der Folgezeit, die Techniken zu verfeinern. Seine Techniken wurden praktisch in der ganzen Welt zum Standard für Aikido-Waffenübungen. Das Üben von aiki ken und jo führt zu einem besseren Verständnis von Distanz, Stellung und Zentrum. Es hilft bei der Entwicklung einer guten Körperhaltung und stärkt Arme und Schultern, was wiederum bei der Ausführung von Körpertechniken hilfreich ist. Das Waffentraining bildet einen wesentlichen und unabdingbaren Teil von Saitos Lehrplan und ergänzt die Körpertechniken perfekt.

Saito, 9. Dan, ist langjähriger Lehrer in Aikikai – einer der wenigen, die diesen angesehenen Rang besitzen. Er trainiert und lehrt seit fast 50 Jahren im Iwama Dojo des Begründers, wo er sich als Jugendlicher einschrieb. Seit den frühen 70er Jahren hat er buchstäblich Tausende von überwiegend ausländischen Schülern beherbergt, von denen manche wenige Tage, andere mehrere Jahre in einem der letzten traditionellen Dojos Japans trainiert haben. Was das Iwama Dojo des Morihiro Saito einzigartig macht, ist die hervorragende Verbindung von Tradition und Moderne: ein abgeschiedener Ort bildet den Rahmen für intensives Training, das auf einem sorgfältig abgestimmten Lehrplan und zeitgemäßen Lehrmethoden aufbaut.

13

Die Geschichte des Aikido
– ein Überblick

2

Portrait des
Begründers Morihei
Ueshiba, um 1940.

Hintergründe und Grundlagen

Es ist schwierig, die Einzigartigkeit des modernen Aikido zu schätzen, ohne die außergewöhnliche Persönlichkeit des Begründers Morihei Ueshiba zu kennen. Wie alle Erneuerer stellt er für Historiker eine Herausforderung dar, nicht nur, weil er in einer früheren, von unserer sehr verschiedenen Zeit lebte – er war sogar für damalige Verhältnisse ungewöhnlich. Seine Weltsicht war stark von den Lehren der Omote-Religion beeinflußt und ist heutigen Japanern kaum mehr zugänglich. Für ausländische Anhänger des Aikido, die hoffen, die Philosophie des Begründers erfassen zu können, ist die japanische Sprache eine gewaltige Hürde und Herausforderung zugleich. Die Aufgabe erschiene aussichtslos, wären da nicht die Aikido-Techniken selber, die jedermann unabhängig von Sprache und Kultur einen Zugang zum Wesen der Kunst eröffnen.

Der Mann, der Aikido begründen sollte, wurde am 14.12.1883 in der Hafenstadt Tanabe in der heutigen Präfektur Wakayama geboren. Sein Vater Yoroku war ein begüterter Mann, der viele Jahre in den Diensten des örtlichen Stadtrats stand. Viele Anekdoten zeugen noch heute von seiner großen körperlichen Kraft, und mache Historiker vermuten, das Yoroku selbst ein fähiger Kampfkünstler war.

Nachdem er bereits drei Töchter hatte, war Yoroku überglücklich über die Geburt seines einzigen Sohnes. Morihei war ein kränkliches Kind, sein Vater bemühte sich sehr um die Gesundheit seines Sohnes und ermunterte ihn, seinen zerbrechlichen Körper zu kräftigen. Moriheis schulische Laufbahn endete bereits mit dem ersten Jahr auf der Mittelschule. Im Alter von 17 Jahren zog er von zu Hause weg, um mit Unterstützung von reichen Verwandten in Tokio Kaufmann zu werden. Während seines kurzen Aufenthaltes in Tokio kam er in einer *Tenjin Shinyo-ryu jujutsu-* Schule, wo er abends trainierte, erstmals mit Kampfkünsten in Berührung. Als Morihei an Beri-Beri erkrankte, war er gezwungen, Tokio nach weniger als einem Jahr zu verlassen. Er kehrte in seine Heimatstadt Tanabe zurück, wo er sich nach einiger Zeit vollkommen erholte. In Tanabe war Morihei klargeworden, daß er offensichtlich nicht zum Kaufmann geschaffen war. Japan war im Vorfeld des russisch-japanischen Krieges dabei, seine Militärmacht aufzubauen, und als eher abenteuerlich veranlagter Typ trat Ueshiba 1930 in die Armee ein. Moriheis besondere Beziehung zu Kampfkünsten zeigte sich vor allem bei der Bajonettausbildung, wo er einer der fähigsten Schüler war.

Während seines Militärdienstes hatte Morihei auch die Gelegenheit, in einer Yagyu-Schule (möglicherweise dem Yagyu Shingan-ryu) in der Nähe von Osaka, wo er stationiert war, zu trainieren. Über Ausmaß und Inhalt seiner Auseinandersetzung mit diesem Zweig der klassischen Tradition können nur Vermutungen angestellt werden. Man weiß jedoch, daß er sogar nach seiner Entlassung aus der Armee gelegentlich von seiner Heimatstadt Tanabe nach Sakai reiste, wo sich das Yagyu-ryu dojo befand.

Für Morihei folgten einige bewegte Jahre, in denen er versuchte, sein Leben neu auszurichten. Er befaßte sich einige Zeit oberflächlich mit Judo, als sein Vater einer jungen Lehrer vom Kodokan Judo dojo nach Tanabe brachte, um die Jugend im Ort zu unterrichten. Morihei hatte jedoch nicht vor, für immer in Tanabe zu bleiben. Zu dieser Zeit schuf die japanische Regierung mancherlei Anreize, um die Besiedlung der schwach besiedelten Insel Hokkaido voranzutreiben. Verlockt von der Aussicht auf ein neues Abenteuer, brachte Morihei 54 Familien zusammen, die er 1912 nach Hokkaido führte. Die Gruppe ließ sich schließlich im entlegenen Norden der Insel nieder, wo sie das Dorf Shirataki gründete.

Das spartanisch Leben der Siedler in Shirataki drehte sich um Land- und Holzwirtschaft und das nackte Überleben in den strengen Wintern auf Hokkaido. Morihei aber schien unter den harten Bedingungen der abgeschiedenen Region aufzublühen. Seinen Mitbürgern aus Tanabe diente er als Führer und neuen Familien half er, sich einzuleben. Er beteiligte sich sogar an der lokalen Politik, indem er für eine Amtsperiode eine Funktion im Kreisrat übernahm. Das bedeutend-

Die Geschichte des Aikido – ein Überblick

ste Ereignis dieser Jahre, zumindest was die Entwicklung des Aikido betrifft, war jedoch Moriheis Begegnung mit einem exzentrischen aber hochbegabten Jujutsu-Lehrer namens Sokaku Takeda.

Takeda war einige Jahre zuvor nach Hokkaido gezogen, wo er häufig herumreiste, um Jujutsu-Lehrgänge durchzuführen. Morihei traf Sokaku erstmals im Februar 1915 in Engaru. Obwohl der 32jährige Ueshiba in den Kampfkünsten sicher kein Anfänger war, konnte er es mit Takeda, der sich in seinen besten Jahren befand, nicht aufnehmen. Der zukünftige Begründer des Aikido war von den feinnervigen Techniken in Takedas Kunst, die unter dem Namen Daito-ryu bekannt war, fasziniert. Morihei investierte erhebliche Mittel und viel Zeit, um Daito-ryu zu lernen und bot Takeda sogar an, bei ihm zu wohnen, um Privatstunden nehmen zu können. Ueshiba gab viel Geld aus, um unter Takeda zu lernen, er wurde jedoch von seinem Vater finanziell unterstützt.

Morihei wurde einer von Sokakus besten Schülern und manchmal begleitete er ihn zu Lehrgängen auf der ganzen Insel. Während seines Aufenthaltes auf Hokkaido bekam Ueshiba von Takeda die Überlieferungsrolle der ersten Stufe verliehen, nachdem er beträchtliche Fertigkeiten in der Kampfkunst erworben hatte. Das Daito-ryu-Programm, mit dem er sich beschäftigte, bestand aus mehreren hundert Jujutsu-Techniken mit komplexen Bewegungen, Hebeln und Festhaltegriffen. Takeda zeigte auch seine Fähigkeit, die er « aiki » nannte und mit deren Hilfe er die Gedanken des Angreifers kontrollierte und so seine Aggression neutralisierte. Unter anderem beherrschte er Schwert, Shuriken und Eisenfächer meisterhaft. Die Techniken von Takedas Jujutsu sollten später die Grundlage für praktisch alle Aikido-Bewegungen bilden, sein Beitrag zu Moriheis Kunst kann nicht hoch genug bewertet werden. Moriheis Leben in Shirataki und sein Daito-ryu-Training kamen im Dezember 1919 zu einem plötzlichen Ende, als er telegrafisch von einer schweren Erkrankung seines Vaters verständigt wurde. Er sollte umgehend nach Tanabe zurückkehren. Morihei regelte eilig all

seine privaten und geschäftlichen Angelegenheiten und überließ sein bescheidenes Heim und die Einrichtung Sokaku. Er verließ die Insel, um an das Sterbebett seines Vaters zu eilen. Er kehrte nie zurück. Auf der langen Heimreise kam Morihei zufällig mit einem Mitreisenden ins Gespräch, der begeistert von den Heilkräften eines außergewöhnlichen Führers namens Onisaburo Deguchi berichtete. Überwältigt von dem Verlangen, Onisaburo kennenzulernen, um ihn für die Genesung seines Vaters beten zu lassen, nahm Morihei spontan den Umweg über Ayabe bei Kyoto, das Zentrum der Omoto-Religion, auf sich. Der charismatische Onisaburo machte einen bleibenden Eindruck auf Morihei, der schließlich einige Tage in Ayabe blieb, bevor er die Reise nach Tanabe fortsetzte.

Als Morihei endlich zu Hause ankam, war Yoroku schon gestorben. Morihei war vom Tod seines geliebten Vaters erschüttert und hatte hart mit dem Verlust zu kämpfen. In den folgenden Monaten benahm er sich äußerst ungewöhnlich und bereitete dadurch seiner Familie und seinen Freunden Sorge. Morihei konnte seine Begegnung mit Onisaburo nicht vergessen und wenige Monate später beschloß er, sich in Ayabe niederzulassen, um im asketischen Leben der Omoto-Anhänger inneren Frieden zu suchen.

Ueshiba begann mit seiner Frau Hatsu und seiner 8jährigen Tochter Matsuko ein neues Leben in der Gemeinschaft der Omoto-Anhänger. Er nahm das einfache Leben der Sektenmitglieder begeistert an und wurde bald in den inneren Kreis um Onisaburo aufgenommen. Deguchi war von Moriheis Kampfkunst begeistert und ermutigte ihn, interessierte Omoto-Gläubige zu unterrichten. Dies führte zur Eröffnung der "Ueshiba Privatschule" in seinem Haus, wo Morihei Daito-ryu lehrte.

1922 bekam Morihei für fast sechs Monate Besuch von seinem Lehrer Sokaku Takeda und dessen Familie. Onisaburo mochte den exzentrischen und zwielichten Takeda von Anfang an nicht, und Morihei sah sich zu seinem Leidwesen zwischen zwei Stühlen. Obwohl Takedas Wesen

Hintergründe und Grundlagen

sich mit den Prinzipien der Omoto-Gemeinschaft kaum vereinbaren ließ, lehrte er viele Mitglieder der Sekte in Ueshibas Haus und verlieh ihm gegen Ende seines Besuchs die offizielle Lehrbefähigung.

Onisaburo hatte ehrgeizige Pläne, den Einfluss der Omoto-Religion zu verstärken. Einer der ungewöhnlichsten war der Plan, ein religiöses Utopia in der Mongolei zu errichten. Begleitet von einer kleinen Gruppe enger Vertrauter trat Onisaburo im Februar 1924 die Reise auf das Festland an. Um sein Ziel zu erreichen, tat sich Onisaburo mit einem Führer von in der Region aktiven Rebelleneinheiten zusammen. Wie sich herausstellte, war dies ein unglücklicher Entschluß, da er und seine japanische Gefolgschaft bald von den chinesischen Machthabern verhaftet wurden. Alle Mitglieder von Onisaburos Schar wurden zum Tode verurteilt und entkamen dem sicheren Tod nur durch eine mysteriöse Intervention des japanischen Konsulats in letzter Sekunde. Mehrere Fotografien von Deguchi und seinen Genossen, die während der Haft entstanden, zeugen noch heute von dieser schlimmen Erfahrung.

Als Morihei wieder nach Japan zurückkehrte, ließ er sich wieder in Ayabe nieder Unter seinen Daito-ryu-Schülern waren einige Marineoffiziere, deren bekanntestes Mitglied, Admiral Seikyo Asano, ebenfalls ein ergebener Omoto-Anhänger war. Allmählich begann sich Moriheis überragendes Können herumzusprechen. Asano sprach im Kreis von Marinekameraden begeistert von Ueshiba und ermunterte einen anderen Admiral, Isamu Takeshita, nach Ayabe zu fahren, um sich von Moriheis Fähigkeiten zu überzeugen. Takeshita war zutiefst beeindruckt und wenig später wurde vereinbart, daß Morihei in Tokio Vorführungen und Lehrgänge durchführen sollte. Unter Ueshibas Gönnern war auch der Admiral a. D. und zweimalige Premierminister Gombei Yamamoto.

Ueshibas Verbindung zu der Omoto-Religion erwies sich in den Augen einiger der ihn unterstützenden Prominenten, darunter Takeshita,

als belastend. Trotzdem wurde er durch seine außergewöhnlichen Jujutsu-Fähigkeiten und sein charismatisches Auftreten zum gefragten Ausbilder beim Militär in Tokio und der politischen Elite des Landes. Zwischen 1925 und 1927 reiste er mehrere Male in die Hauptstadt. Nachdem er seine Lage mit Onisaburo erörtert und dessen Zustimmung erhalten hatte, entschloß sich Ueshiba schließlich, mit seiner Familie nach Tokio zu ziehen, um sich ganz der Lehre zu widmen.

In den ersten Jahren seiner Zeit in Tokio lehrte Ueshiba privat in den Häusern einiger seiner Förderer. Seine Schüler gehörten hauptsächlich höheren gesellschaftlichen Kreisen an – es waren Offiziere, Politiker und Angehörige der wirtschaftlichen Elite. Besonders Admiral Takeshita, der ein begeisterter Kampfkunst-Anhänger und einstmals Vorsitzender des Sumo-Verbandes war, unterstützte Ueshiba. Er ging sehr weit in seinem Bemühen, Ueshiba und seine Kunst in die entsprechenden Gesellschaftskreise einzuführen. Es ist unwahrscheinlich, daß der Begründer ohne die Unterstützung des Admirals in Tokio denselben Erfolg erzielt hätte. Ueshibas Kunst, die in den frühen Jahre in Tokio unter verschiedenen Namen bekannt war, gewann allmählich an Popularität. 1931 schließlich wurden durch Takeshita und andere die erforderlichen Mittel aufgebracht, um eine dauerhafte Trainingsstätte, das Kobukan Dojo, zu eröffnen. Es lag in Shinjuku, einem lebhaften Geschäftsviertel Tokios, an derselben Stelle liegt heute das Aikikai-Welthauptquartier. Unter den Schülern, die bei Ueshiba während der Kobukan-Zeit lebten und trainierten war so bekannte wie Yoichiro Inoue, Kenji Tomiki, Minoru Mochizuki, Tsutomu Yukawa, Shigemi Yonekawa, Rinjiro Shirata und Gozo Shioda. Als Ergebnis seiner guten Kontakte zu Marine- und Armeeoffizieren wurde Ueshiba oft verpflichtet, an verschiedenen Militärinstitutionen wie der Toyama Schule für Armeeoffiziere, der sogenannten « Nakano Agenten Schule », der Marineakademie und vielen anderen seine Kampfkunst zu lehren. Der Unterricht wurde oft an fortgeschrittene Schüler aus dem Kobukan Dojo delegiert, da Ueshibas Zeitplan immer enger wurde.

Für einige Zeit lehrte Ueshiba tatsächlich die Techniken des Daito-ryu aikijujutsu, wie Takedas

19

Onisaburo Deguchi,
Oberhaupt der Omoto-Sekte,
um 1934.

Hintergründe und Grundlagen

Kunst oft genannt wurde, und er verlieh Überlieferungsurkunden unter dem Namen der Schule. Das Verhältnis zwischen Morihei und dem anspruchsvollen Takeda verschlechterte sich zusehends und Morihei distanzierte sich immer mehr von seinem früheren Lehrer. Nach 1935 scheint er mit Takeda nicht mehr in unmittelbarem Kontakt gestanden zu haben, obwohl die Techniken des Daito-ryu in abgewandelter Form immer noch den Großteil seines technischen Repertoires ausmachten, In den Vorkriegsjahren wurde seine Kunst meist « aiki budo » genannt. Während dieser ganzen Zeit hielt Morihei eine enge Bindung zur Omoto-Religion und Onisaburo aufrecht. In der Tat wurde die « Gesellschaft zur Förderung von Kampfkünsten » der Omoto-Religion, die unter der Schirmherrschaft der Sekte stand, auf Betreiben Onisaburos besonders zu dem Zweck gegründet, Moriheis Kampfkunst zu fördern. Die Organisation richtete ein Netz von Schulen in ganz Japan ein ; überhaupt war die Kampfkunst auf allen Gebieten sehr eng mit dem Omoto-Glauben verbunden. Das Netzwerk funktionierte von 1931 bis Ende 1935 – dem Zeitpunkt, als die Omoto-Kirche von der japanischen Regierung brutal unterdrückt wurde.

In den späten 30er Jahren kam es zur japanischen Intervention in China und einem großen Teil Südostasiens. Die meisten von Ueshibas herausragenden Schülern und jungen Lehrern wurden zum Militärdienst eingezogen. Dadurch wurden die Reihen im Kobukan Dojo gelichtet; als dann der Pazifikkrieg begann, war das Dojo beinahe leer. Nachdem er 1942 an einer schweren Darminfektion erkrankt war, zog Ueshiba sich in das Dorf Iwama in der Präfektur Ibaragi zurück, wo er bereits einige Jahre zuvor Land erworben hatte. Weitab vom hektischen Leben im kriegsgebeutelten Tokio widmete er sich der Landwirtschaft, dem Training und der Meditation.

Diese Jahre in Iwama erwiesen sich für die Entwicklung des modernen Aikido als entscheidend. Frei wie nie zuvor, sich dem Studium des Budo mit voller Konzentration zu widmen, vertiefte sich Morihei in intensives Training und Gebet, in dem Versuch, eine vollkommene Kampfkunst zu entwickeln. Sein Anliegen war es, auf dem Weg dieser neu zu entwickelnden Kampfkunst Konflikte friedlich zu lösen.

Bei Kriegsende lebten viele Japaner in Armut und mußten den Großteil ihrer Kraft in den Versuch, zu überleben und ihre Existenzsicherung investieren. Zu dieser Zeit hatte der Begründer in Iwama nur wenige Schüler, da seine Anhänger aus den Vorkriegsjahren über ganz Südostasien verstreut waren und teilweise auf die Rückkehr in die Heimat warten mußten. Im Sommer 1946 wurde ein junger Mann, der bei der staatlichen japanischen Eisenbahngesellschaft beschäftigt war, ohne viel Aufhebens als Schüler angenommen. Morihiro Saito zeigte keine besonderen Ansätze oder außergewöhnliche Fähigkeiten, aber er sollte einer der engsten Schüler des Begründers und in vieler Hinsicht sein Nachfolger werden. Nach Jahren der Abgeschiedenheit in Iwama begann der Begründer, sich ernsthaft mit Schwert und Stab (im Aikido als aiki ken und aiki jo bekannt) auseinanderzusetzen. Kenntnisse im Umgang mit diesen Waffen erschienen ihm als unerläßliche Grundlage für die Ausführung von Körpertechniken. In seinem Lehrplan konzipierte Ueshiba Aikido als umfassendes System, das Übungen sowohl mit als auch ohne Waffen einschloß. Den Großteil dieser Zeit war der junge Saito Ueshibas Trainingspartner, und er bekam Einblick in viele Techniken, die der Begründer nicht allen Schülern lehrte.

Während dieser Phase seines Lebens in Iwama formulierte der Begründer auch das Konzept des *takemusu aiki* als die spontane Ausführung unbegrenzter Techniken in einer völlig den Umständen angepassten Art und Weise.

Ab Mitte der 50er Jahre wagte sich Ueshiba immer öfter aus der Abgeschiedenheit seines Landsitzes in Iwama. Er verbrachte einige Tage in Tokio, um dann nach Iwama zurückzukehren, oder er besuchte Freunde und Schüler, z. B. in Osaka und Wakayama. Er erhielt viele Einladungen und es war schwierig vorauszusagen, wo er sich von einem Tag auf den nächsten aufhalten würde oder wann er im Aikido-Hauptquartier sein würde, um ein Training zu leiten

eschichte des Aikido – ein Überblick

Viele Schüler, die das Training nach dem Krieg begonnen hatten, und tatsächlich die Möglichkeit bekamen, den Begründer lehren zu sehen, ließen sich von seinen kraftvollen und doch eleganten Bewegungen ebenso begeistern, wie von seinen ethischen Ansichten über Kampfkünste. Ueshiba hatte ein optimistisches Wesen und wirkte bei der Vorführung von Techniken oft heiter und unbeschwert. Bei anderen Gelegenheiten, besonders wenn er während eines Trainings oder danach über die tiefere Bedeutung des Aikido sprach, trat die kontemplative Seite seines Charakters zutage. Impulsiv wie er war, reagierte er oft ungehalten, wenn er Schüler gefährliche Übungen ausführen sah oder wenn er unzureichende Trainingseinstellung bemerkte. All diese Facetten seines Charakters hinterließen bleibenden Eindruck bei allen, die mit ihm in Berührung kamen.

In späteren Jahren, als sich sein Gesundheitszustand langsam verschlechterte, verbrachte Ueshiba viel Zeit in Tokio. Da er nicht in der Lage war, sich so schnell und frei zu bewegen wie in seinen jungen Jahren, machte das Aikido des Begründers einen Wandel durch. Viele seiner Techniken wurden verkürzt, und er warf seine jungen und kräftigen Schüler mit einer schnellen Bewegung oder einem kurzen Zucken mit der Hand, manchmal sogar, ohne seinen Partner zu berühren. Weil gerade in dieser Phase Ueshibas Lebens Aikido begann, international bekannt zu werden, beherrscht das Bild eines kleinen alten Mannes mit weißem Bart, der mit seinen Händen vor einem anstürmenden Angreifer herumfuchtelt, die Vorstellung vieler Schüler und Lehrer der Kunst. Der Spätstil des Begründers ist als natürliche Entwicklung aus seinen vorhergehenden Erfahrungen erklärbar, doch wie Ueshiba selbst stets unterstrich, waren seine Fähigkeiten zu diesem Zeitpunkt das Ergebnis von über 60 Jahren Training. Seine Publizität, der er durch zahlreiche öffentliche Vorführungen und später auch durch Filmmaterial erlangte, hat viele Nachahmer hervorgebracht.

Der Begründer des Aikido starb am 26. April 1969 an Leberkrebs. Sein Sohn Kisshomaru Ueshiba trat als « 2. Doshu » seine Nachfolge an. In der Nachkriegszeit als Fortführung von Ueshibas Kobukai-Stiftung ins Leben gerufen, nimmt der Aikikai-Verband heute eine herausragende Stellung in der Aikido-Welt ein. Über die Hälfte der nationalen und regionalen Aikido-Organisationen gehören der Zentrale mit Sitz in Tokio an. Es werden heute auch andere Aikido-Stile praktiziert. Yoshinkan Aikido ist eine an Vorkriegsformen orientierte, kraftbetonte Stilrichtung, die auf Gozo Shioda zurückgeht; Shinshin Toitsu Aikido, von Koichi Tohei geschaffen, ist ein System, das auf Aikido-Techniken aufbauend der Gesunderhaltung dient und die Dimension des Ki betont ; Tomiki-Aikido nach Kenji Tomiki beinhaltet eine Form des Wettkampfes und Yoseikan Aikido, begründet von Minoru Mochizuki, ist ein umfassendes System, das Element aus Aikido, Judo, Karate und Kenjutsu verbindet.

Die Zukunft des Aikido sieht vielversprechend aus, nachdem die Kunst dabei ist, sich zu voller Blüte zu entwickeln. Es gibt sowohl in Japan als auch im Ausland viele Lehrer mit über 30 Jahre Lehr- und Trainingserfahrung. Buchstäblich Hunderte von Büchern in allen Sprachen sind über Aikido veröffentlicht worden und Aikido hat in den Bereichen öffentliche Ordnung, Psychologie, Physiotherapie und zahlreichen anderen Gebieten phantasievolle Anwendung gefunden.

Sokaku Takeda im Alter von etwa 80 Jahren.

Hintergründe und Grundlagen

Morihiro Saito

Das Training unter O-Sensei

3

O-Sensei und Morihiro Saito vor dem Aiki Schrein, Anfang der Fünfziger Jahre, um 1950.

Hintergründe und Grundlagen

Nach seiner Niederlage im Krieg war Japan ein armes, gedemütigtes Land, das von einer Besatzungsarmee regiert wurde. Morihei Ueshiba lebte mit seiner Frau Hatsu in dem kleinen Dorf Iwama, wohin er sich 1942 « offiziell » zurückgezogen hatte. Die Ueshibas führten ein einfaches Leben, sie bauten Reis an und züchteten Seidenraupen mit der Hilfe von einigen Schülern, die auch teilweise im Dojo wohnten.

Ueshiba war in seinen späten Sechzigern ; Jahrzehnte harten Trainings hatten ihn zu einer kraftvollen Erscheinung gemacht. Das erste Mal sei langen Jahren war der Begründer ohne schwerwiegende Lehrverpflichtungen, so konnte er sich endlich ungestört seinem persönlichen Training widmen und sich in die Askese zurückziehen. Obwohl Ueshiba vor dem Krieg Zehntausende von Schülern unterrichtet hatte, blieb er in der Folge des schrecklichen Konfliktes mit lediglich einer Handvoll von Schülern zurück. Die Ausübung von Kampfkünsten war von den alliierten Landungstruppen verboten worden, aber dieser Erlaß wurde selbst in städtischen Gebieten nicht systematisch angewandt und hatte auf dem Land in der Präfektur Ibaragi kaum praktische Auswirkungen. In den frühen Nachkriegsjahren nannte Morihei Ueshiba seinen Landsitz "Aiki En" (Aiki Hof), um von seinen Kampfkunstaktivitäten im Hinblick auf das Verbot durch das Hauptquartier der Alliierten abzulenken.

Morihiro Saito war ein schlaksiger Bursche von 18 Jahren, als er im Sommer 1946 seinen ganzen Mut zusammennahm, um den Begründer in Iwama aufzusuchen. Er wurde am 31. März 1928 in einem kleinen Dorf wenige Kilometer von Ueshibas Dojo geboren. Wie alle japanischen Jugendlichen bewunderte der junge Morihiro die großen Schwertkämpfer der japanischen Ritterzeit wie z. B. Matabe Goto und Jubei Yagyu. Für Jungen, die vor und während des 2. Weltkriegs in Japan lebten, waren Kenntnisse in Judo oder Kendo selbstverständlich, und diese Künste wurden als Pflichtfächer an den Schulen gelehrt. Der junge Saito hatte sich in der Schule für Kendo ent-

schieden. Als Jugendlicher begann Morihiro im Tokioter Viertel Meguro, wo er auch arbeitete, Shito-ryu Karate zu lernen. Sein Karatetraining in Tokio währte nicht lange, da er bald zurück in die Präfektur Ibaragi zog, um dort für die japanische Staatseisenbahn zu arbeiten. Saito beschloss, sich mit Judo zu befassen, da er glaubte, das ihm Kenntnisse von Judo und Karate im Kampf dienlich sein könnten. Judo war im Handgemenge nützlich, während Karate Kendo überlegen war, da es auch die Fähigkeit, Tritte anzubringen schulte. Saito erinnerte sich an seine frühen Unterrichtsstunden in Kampfkünsten und seine Unzufriedenheit im Bezug auf das Judotraining.

In der Karateschule war es ziemlich ruhig, aber das Judo dojo erinnerte mit all den Kindern, die dort herumliefen, eher an einen Freizeitpark. Das war mit ein Grund, warum ich des Judo überdrüssig wurde. Außerdem kann der Gegner in einem Kampf treten oder klammern, ein Judoka aber kann sich gegen diese Art von Angriff nicht wehren. Also war ich mit Judo unzufrieden. Mir mißfiel außerdem, daß in den Übungsstunden stets die älteren Schüler die jüngeren warfen und sie für ihr eigenes Training benutzten. Nur wenn sie gut gelaunt waren, erlaubten sie uns, ein paar Würfe auszuführen. Ich fand sie sehr egoistisch, arrogant und unverschämt.

Morihiros Ansichten über Kampfkünste sollten sich jedoch bald grundlegend ändern. Dies war das Ergebnis eines Zusammentreffens mit einem alten Mann mit zerzaustem, weißem Bart, der Gerüchten zufolge irgendeine geheimnisvolle Kampfkunst ausübte. Viele Jahre später berichtete Saito über sein schicksalhaftes erstes Treffen mit Morihei Ueshiba :
Da war dieser alte Mann, der in den Bergen bei Iwama seltsame Techniken übte. Einige Leute sagten, daß er Karate praktizierte, ein Judo-Lehrer erzählte mir dagegen, daß seine Kunst « Ueshiba-ryu Judo » genannt wurde. Es war nicht ganz geheuer, und ich hatte Angst, dorthin zu gehen. Ich hatte, was diesen Ort betraf, ein seltsames Gefühl. Es war unheimlich, aber einige meiner Freunde und ich beschlossen, uns die Sache

Waffentraining mit dem
Begründer vor dem
Iwama Dojo, um 1953.

Hintergründe und Grundlagen

anzusehen. Meine Freunde bekamen aber kalte Füße und tauchten nicht auf. Also ging ich allein.

Es war während der heißen Jahreszeit und ich kam morgens an. O-Sensei war gerade beim Morgentraining. Minoru Mochizuki führte mich zu dem Platz, wo O-Sensei (wörtl : « Großer Lehrer », ein häufig verwendeter Ausdruck des Respektes gegenüber dem Begründer) mit einigen Schülern trainierte. Dann betrat ich den heutigen Sechs-Tatami-Raum des Dojos. Während ich dort saß, kamen O-Sensei und Tadashi Abe (ein Wegbereiter des Aikido in Frankreich) herein. Als O-Sensei sich setzte, legte Abe sofort ein Kissen vor ihn. Er beeilte sich, O-Sensei zu helfen. Sensei sah mich durchdringend an und fragte: « Warum willst du Aikido lernen ? » Als ich antwortete, daß ich gerne lernen würde, wenn er mich nur unterrichtete, fragte er : « Weißt du, was Aikido ist ? » Ich konnte natürlich nicht wissen, was Aikido war. Dann fügte Sensei hinzu : « Ich lehre dich, mit dieser Kampfkunst der Gesellschaft und den Menschen zu dienen. »

Ich hatte nicht die leistete Idee, wie eine Kampfkunst der Gesellschaft und den Menschen dienen konnte. Ich wolle lediglich stark werden. Heute weiß, ich, was er meinte, aber damals hatte ich keine Ahnung, von was er sprach. Ich fragte mich, wie eine Kampfkunst diesem Zweck dienen konnte, aber da ich unbedingt aufgenommen werden wollte, erwiderte ich zögernd : « Ja, ich verstehe. »

Später stand ich auf der Matte im Dojo, krempelte meine Ärmel hoch und dachte : « Jetzt, wo ich den ganzen Weg hergekommen bin, kann ich ebensogut einige Techniken lernen. » O-Sensei sagte : « Komm und schlag mich ! » Also schlug ich zu und viel vornüber. Ich weiß nicht, ob es kotegaeshi oder eine andere Technik war, jedenfalls wurde ich geworfen. Als nächstes sagte er : « Komm und tritt mich ! » Als ich zu treten versuchte, wurde ich sanft umgestoßen. « Komm und greif mich ! » Ich versuchte, ihn auf Judo-Art zu greifen und wurde wieder geworfen, ohne zu wissen, wie mir geschah. Meine Hemdsärmel und

Hosen waren zerrissen. Sensei sagte : « Komm zum Training, wenn du willst. » Damit verließ er die Matte. Als ich hörte, daß ich angenommen war, fiel mir ein Stein vom Herzen.

Obwohl Ueshiba den jungen Saito als Schüler angenommen hatte, stellten cie älteren Schüler des Dojos seine Entschlossenheit auf eine harte Probe. Saito erinnert sich an die Schmerzen seiner ersten Trainingstage und an das Gefühl, daß es besser wäre, "das Opfer eines Kampfes zu sein". Einmal mußte er einen Verband, der eine Verletzung schützte, abnehmen, um nicht verspottet zu werden. Wenn sich auch nur die leiseste Spur von Schmerz auf seinem Gesicht zeigte, langten die älteren Schüler nur noch kräftiger hin. Bald hatte der entschlossene junge Morihiro jedoch den Respekt der älteren Schüler gewonnen. Mit Dankbarkeit erinnert er sich daran, wie freundlich er von Leuten wie Koichi Tohei und Tadashi Abe gelehrt wurde. Die Lehrmethode des Begründers in Iwama unterschied sich sehr von seiner Vorgehensweise in den Vorkriegsjahren. In früheren Jahren zeigte er die Techniken gewöhnlich nur einige Male ohne jeden Kommentar und ließ dann seine Schüler die Bewegungen nachahmen. Dies war die überlieferte Methode der Unterweisung in den Kampfkünsten und die Schüler mußten ihr Bestes tun, die Techniken ihres Lehrers zu "stehlen". Aber nun kam Ueshiba in den Genuß, seine Energien voll zu entfalten und seine persönlichen Projekte mit nur wenigen Schülern verfolgen zu können.

Rückblickend glaube ich, daß das Gehirn des Begründers wie ein Computer war. Während des Trainings zeigte uns O-Sensei die Techniken, die er bis zu diesem Zeitpunkt entwickelt hatte, als ob er sie für sich in ein organisches System bringen wolle. Wenn wir eine Technik trainierten, lernen wir stets auch systematisch verwandte Techniken. Begannen wir mit Techniken im Sitzen, befaßten wir uns im Folgenden ausschließlich damit. Wenn er eine Technik mit beidhändigem Angriff vorstellte, begannen die darauffolgenden Techniken alle mit diesem Angriff. O-Sensei baute seinen Technikunterricht in mehrere Stufen auf. Er

Takemusu Aikido

Morihiro Saito : das Training unter O-Sensei

Morihiro Saito mit Paolo Corallini, seinem höchstrangigen italienischen Schüler.

begann stets mit der Grundform, dann folgte eine Stufe nach der anderen, bis schließlich die höchste Form der Technik erreicht war. Der Begründer achtete nachdrücklich darauf, daß auch das kleinste Detail stimmte, sonst wäre es keine Technik gewesen.

Die älteren und jüngeren Schüler trainierten zusammen und die jüngeren machten harte Fallschule. Wenn die älteren Schüler die Technik beidseitig (rechts und links) ausgeführt hatten und die jüngeren an der Reihe waren, war es oft schon Zeit für die nächste Technik. Obwohl er zu dieser Zeit nicht viele Schüler hatte, warf O-Sensei jeden mindestens einmal. Manchmal, wenn einige ältere Schüler mit O-Sensei übten, warteten wir darauf, von ihm persönlich unterrichtet zu werden.

Saitos Anstellung bei der japanischen Staatseisenbahn war ein Glücksfall für sein Aikido-Training. Sein Rhythmus von 24 Stunden Dienst und 24 Stunden Freizeit ließ ihm die Freiheit, viel Zeit in Ueshibas Dojo zu verbringen. Daher durfte er an den Trainingsstunden am frühen Morgen teilnehmen, die eigentlich für interne Schüler reserviert waren.

Diese Morgenübungen bestanden aus etwa 40 Minuten Gebet in sitzender Stellung vor dem Aiki-Schrein, an das sich, sofern es das Wetter erlaubte, das Waffentraining anschloß. Zu dieser Zeit seines Lebens wurde der Begründer ganz vom Studium des aiki ken und aiki jo und deren Verbindung zu Körpertechniken in Anspruch genommen. Er experimentierte mit den grundlegenden Waffenformen, die später von Saito Sensei in ein umfassendes System gebracht wurden, um die Aikido Körpertechniken zu ergänzen.

O-Sensei verlangte von uns, ihn mit einem Schlag anzugreifen. Damit begannen die Übungen mit dem Schwert. Da ich als Junge Kendo geübt hatte, war ich fähig, die Situation irgendwie zu bewältigen. Dann sollte ich ein Übungsgestell für tanrenuchi oder Schlagtraining bauen. Also sammelte ich Holz und baute eines. O-Sensei wurde jedoch wütend und zerbrach es mit seinem Holzschwert. Er sagte zu mir : « Dieses dünne Holz ist unbrauchbar. »

Hintergründe und Grundlagen

28

Morihiro Saito, um 1988.

Morihiro Saito : das Training unter O-Sensei

Ich mußte mir etwas ausdenken. Ich schnitt zwei dicke Stücke Holz zurecht, schlug Nägel hinein und schnürte sie zusammen. Nach vollendeter Arbeit lobte mich O-Sensei. Aber dieses Gestell hielt nicht länger als eine Woche. Also schlugen wir an verschiedenen Stellen, um das Holz zu schonen. Nach einer Woche zog ich dann wieder aus, um Holz zu schneiden und ein neues Gestell zu bauen. Damals gab es viele Bäume in den Bergen. Wir nutzen diesen Aufbau, um Schläge mit dem Holzschwert zu trainieren.

Im weiteren Verlauf des Trainings wurde und das ichi no tachi, die erste Schwertübung mit Partner, gelehrt. Wir übten diese Technik drei oder vier Jahre lang. Der Rest des Trainings bestand ausschließlich darin, die Schläge auf das Holzgestell bis zur völligen Erschöpfung zu wiederholen. Wenn wir soweit waren, daß wir uns nicht mehr bewegen konnten, gab O-Sensei zu verstehen, daß es genug war und ließ uns gehen. Das war das ganze tägliche Morgentraining. In den letzten Jahren wurde ich von O-Sensei fast allein unterrichtet. Die in Japan weitverbreitete Armut dieser Jahre machte es für die wenigen Schüler im Iwama Dojo immer schwieriger, weiterhin am Training teilzunehmen. Einer nach dem anderen sah sich durch berufliche oder familiäre Verpflichtungen gezwungen, das Training aufzugeben. Schließlich kamen nur noch wenige Schüler zum Üben. Da er Morihiros Hingabe und Begeisterung im Training sah, begann Ueshiba allmählich, sich im Privatleben immer mehr auf ihn zu verlassen. Bald war der junge Saito der letzte, der dem Begründer noch konsequent die Treue hielt. Sogar nach seiner Heirat hielt Morihiros Trainingsleidenschaft unvermindert an. Tatsächlich begann seine junge Frau ebenfalls, den Ueshibas zur Hand zu gehen und kümmerte sich persönlich um O-Senseis betagte Frau Hatsu.

Schließlich waren nur noch eine kleine Zahl langjähriger Schüler aus der Umgebung und ich selbst übrig. Aber irgendwann nach ihrer Heirat konnten sie nicht mehr zum Dojo kommen, da ihre Arbeit sie ganz in Anspruch nahm. Immer wenn Sensei in Iwama war, wußten wir nie, wann er unsere Hilfe in Anspruch nehmen würde. Sogar wenn wir bereits einen Nachbarn gebeten hatten, beim Reisdreschen zu helfen, hatte es fürchterliche Folgen, wenn Sensei uns rief und wir nicht kamen.

Am Ende kam keiner der Schüler mehr ins Dojo, da sie alle ihre Familien unterhalten mußten. Ich konnte bleiben, da ich tagsüber frei hatte. Allerdings mußte ich jeden zweiten Abend zur Arbeit. Ich hatte Glück, eine Arbeit zu haben, sonst hätte ich nicht weitermachen können. Ich konnte leben, ohne Geld von O-Sensei anzunehmen, da ich von der Eisenbahngesellschaft Gehalt bezog. O-Sensei hatte Geld, aber seine Schüler waren arm. Wenn sie zu Sensei kamen, hatten sie kein Einkommen. Sie hätten nicht einmal den Reis beschaffen können, den sie brauchten, um ihre Familien am Leben zu halten.

Obwohl es doch eigentlich nur darum ging, eine Kampfkunst zu erlernen, war es dennoch sehr hart, Sensei zu dienen. O-Sensei zeigte nur für die Schüler ein offenes Herz, die ihm von morgens bis abends auf dem Feld halfen, die sich schmutzig machten, seinen Rücken massierten, diejenigen, die ihm bis zur Selbstaufopferung dienten. Da ich ihm von Nutzen war, lehrte O-Sensei mich bereitwillig alles.

Der Begründer zeigte zur Genüge seine große Zuneigung und sein Vertrauen Saito gegenüber. Als er mit Saitos Hilfe einen Streit um Land zu seinem Vorteil beenden konnte, schenkte Ueshiba ihm ein Stück Land auf seinem Grundstück. Dort baute er ein Haus und blieb mit seiner Frau und Kindern darin wohnen, um dem Begründer zu dienen.

In den späten 50er Jahren hatten die Jahre intensiven Trainings unter der Anleitung des Begründers Saito in einen kraftvollen Mann verwandelt und ihn zu einem der besten Lehrer im Aikikai-Verband gemacht. Er unterrichtete, wenn

Hintergründe und Grundlagen

Ueshiba nicht anwesend war, regelmäßig im Iwama dojo und wurde gebeten, Koichi Tohei in seinem Dojo in Utsunomiya zu vertreten, als dieser nach Hawaii reiste, um dort Aikido zu lehren. Um 1960 begann Saito, wöchentlich im Aikikai Hombu Dojo in Tokio zu unterrichten. Er war neben dem Begründer der einzige, dem es gestattet war, dort Aikido-Waffen zu lehren. Seine Trainingsstunden waren mit die beliebtesten im Hombu Dojo, und viele Jahre hindurch versammelten sich Schüler aus Tokio Sonntag morgens, um zusammen mit Saito Körper- und Waffentechniken zu üben.

Nach dem Tod des Begründers am 26. April 1969 übernahm Saito die Ausbildung im Iwama Dojo und wurde gleichzeitig zum Wächter des nahen Aiki-Schreins. Er hatte dem Begründer 24 Jahre hindurch aufopferungsvoll gedient, und O-Senseis Tod stärkte nur seinen Entschluss, Aikido im Geist des Begründers zu bewahren. Als 1970 Saitos bedeutende 5-bändige Fachbuchreihe erschien, wurde sein Ruf als Technikexperte der Kunst begründet. Diese Bände enthalten hunderte von Aikido-Techniken und behandeln Körpertechniken, aiki ken und aiki jo und Kontertechniken. Darüber hinaus präsentierte das Buch erstmals ein System zur Klassifikation und Bezeichnung für Aikido-Techniken, das nunmehr überall auf der Welt Anwendung gefunden hat. Zusätzlich wurden die Bücher von Lehrfilmen, die großen Anklang fanden, ergänzt.

Saito reiste erstmals 1974 ins Ausland, um eine Seminarreihe in Kalifornien durchzuführen. Zum ersten Mal konnte eine große Anzahl ausländischer Schüler Saitos beeindruckendes tiefes Fachwissen erleben. Seine klare Lehrmethode, die sich solcher Hilfsmittel wie Zeitlupenausführung von Techniken und zahlreicher Gesten bedient, stieß bei den Seminarteilnehmern auf größte Anerkennung.

Mitte der 70er Jahre ging Saito nach 30 Jahren Dienst bei der staatlichen japanischen Eisenbahn in den Ruhestand. Er nutzte seine neugewonnene Freiheit dazu, sich ganz dem Aikido zu widmen. Er

begann, regelmäßig ins Ausland zu fahren – neuesten Angaben zufolge hat er über 50 Reisen ins Ausland unternommen, um Aikido zu lehren.

Über die Jahre hat Saito ein ausgedehntes Netz von Lehrern, die « Iwama-style aikido » (wie seine Form des Aikido inoffiziell genannt wird) unterrichtet, außerhalb Japans aufgebaut. Iwama aikido steht für einen Trainingsstil, der Körpertechniken und Waffentraining gleichermaßen betont – im Gegensatz zu vielen anderen Schulen, die sich auf Körpertechniken beschränken. Besonders in den Vereinigten Staaten, Italien, Deutschland, Dänemark, Australien, England, Schweden und Portugal gibt es zahlreiche Anhänger von Saitos Lehrmethoden. 1989 führte Saito ein Zulassungssystem für aiki-ken und aiki-jo-Ausbilder ein. In diesem System werden diejenigen mit traditionell handgeschriebenen Urkunden ausgezeichnet, die die notwendigen Fertigkeiten im Umgang mit Aikido-Waffen bewiesen haben. Abgesehen von den Gürtelgraden ist es das Ziel des Programms, die aiki-ken- und aiki-jo-Techniken des Begründers zu bewahren, die untrennbar mit den Körpertechniken verbunden sind. Diese Urkunden enthalten die Namen und die detaillierte Beschreibung der Aikido-Körpertechniken und sind nach dem Muster der in den klassischen Kampfkünsten traditionell verliehenen Urkunden aufgebaut.

Eine weitere Auswirkung der Beliebtheit von Saitos Büchern und seinen ausgedehnten Auslandsreisen besteht darin, daß ständig ausländische Aikidoka nach Japan reisen, um im Iwama Dojo zu leben und zu trainieren. Der Brauch, daß die Schüler im Dojo wohnen, ermöglicht intensives Training, besonders auch von aiki ken und aiki jo. In den letzten Jahren sind buchstäblich tausende Schüler aus dem Ausland angereist, um bei Saito zu trainieren. Oftmals sind die ausländischen Aikidoka den japanischen im Dojo zahlenmäßig überlegen. Auch heute noch hält Morihiro Saito an einer 6-Tage-Woche mit morgendlichen Trainingseinheiten in aiki ken und aiki jo für im Dojo lebende Schüler und allgemeinen Übungsstunden am Abend, die Körpertechniken gewidmet sind,

30

Morihiro Saito : das Training unter O-Sensei

Morihiro Saito, seine Frau Sata und Hitohiro, sein Sohn und zukünftiger Nachfolger beim Iwama Taisai (Festival) am 29 April 1992.

fest. Sonntagmorgens, sofern das Wetter es erlaubt, führt Saito alle Schüler nach draußen, um sie in aiki ken und aiki jo zu unterweisen. Ebenso beherbergt er das ganze Jahr hindurch Studenten von japanischen Universitäten; dieser Brauch stammt noch aus den Tagen des Begründers.

Vielleicht liegt Morihiro Saitos Erfolg als führende Aikido-Lehrer in seiner unnachahmlichen Art, an die Kunst heranzugehen, seiner Verbindung von Tradition und Erneuerung. Auf der einen Seite hat er sich vollkommen der Bewahrung des technischen Vermächtnisses des Begründers verschrieben, gleichzeitig aber klassifizierte und ordnete er mit großem Einfallsreichtum die hunderte von Körper- und Waffentechniken und ihre Beziehungen untereinander. Zudem hat er auf der Grundlage moderner pädagogischer Prinzipien zahlreiche Trainingsmethoden und Übungen entwickelt, die den Lernprozeß beschleunigen.

In der heutigen Aikido-Szene ist verstärkt die Tendenz erkennbar, die Kunst vorrangig als System zur Gesunderhaltung zu sehen; die Wirksamkeit der Aikido-Technik wird oftmals vernachlässigt. Vor diesem Hintergrund und aufgrund der Bemühungen weniger anderer Lehrer mit ähnlicher Hingabe an die Sache, kann Aikido auch heute noch als Kampfkunst im eigentlichen Sinne betrachtet werden.

Hintergründe und Grundlagen

Morihiro Saito und sein Schüler Daniel
Toutain im Juni 1998 in Iwama, Japan.

Takemusu Aikido

ZWEITER TEIL

GRUNDLAGEN

Hintergrunde und Grundlagen

Grundlagen d

Ein breites Wissen und Verstehen von Grundtechniken kann im Aikido nicht hoch genug eingeschätzt werden. Viele Aikido-Schulen lehren vorrangig ki no nagare oder « Techniken mit fließendem Ki ». Bei dieser Art des Trainings werden die Techniken aus der Bewegung ausgeführt, auf Grundtechniken, bei denen festes Zugreifen erlaubt ist, wird völlig verzichtet. Übungen wie diese sind jedoch nur dann erfolgreich, wenn sich beide Partner vorher auf die Technik verständigt haben und voll zusammenarbeiten. Werden Schüler, die nur an diese Art abgesprochenen Trainings gewöhnt sind, mit einem starken, nicht kooperativen Partner konfrontiert, treten Probleme auf. Training von ausschließlich ki-no-nagare-Techniken läßt die Schüler vollkommen unvorbereitet auf die Kraft und Grausamkeit eines richtigen Angriffes. Die schwachen, ungezielten Angriffe, die für diesen Trainingsstil charakteristisch sind, werden im modernen Aikido üblicherweise praktiziert, jedoch steht diese Übungsform im absoluten Widerspruch zu den Prinzipien des Kampfes, wie sie vom Begründer gelehrt wurden. Diejenigen, die sich nicht ausschließlich auf ki no nagare konzentrieren, sondern auch Grundtechniken üben, lernen, mit immer stärkeren Angriffen umzugehen. Um dieses Ziel zu verwirklichen, muß der Partner fest und entschlossen angegriffen werden. Wenn der Partner sich nicht bewegen kann, muß die Stärke des Angriffs verringert werden, bis er in der Lage ist, die Technik richtig auszuführen. Die Intensität des Angriffs sollte sich immer nach dem Niveau des Partners richten.

Im Grundlagentraining beginnen alle Techniken aus hanmi (vorbereitende Stellung). Hanmi ist im Aikido eine Dreiecksstellung der Füße, bei der der vordere Fuß nach vorne gerichtet ist und der hintere Fuß senkrecht zum vorderen seitwärts zeigt. Die Fähigkeit, sich schnell drehen zu können, aber trotzdem stabil zu bleiben und die Hüfte voll drehen zu können, beruht auf hanmi. Die beiden verbreitetesten Positionen sind gyaku hanmi (die Partner stehen in entgegengesetztem hanmi) und ai hanmi (beide Partner stehen gleich). Diese Unterscheidung ist sehr wichtig ; in den meisten Fällen ist der Erfolg einer Aikido-Technik vom richtigen hanmi abhängig.

Im heutigen Aikido-Training werden atemi (Schläge zu entscheidenden Stellen am Körper) nur unzulänglich geübt. Atemi werden verwendet, um den Angriff eines Gegners abzuschwächen oder zu neutralisieren und eine für die Ausführung der Technik vorteilhafte Situation zu schaffen. In vielen Situationen ist es praktisch unmöglich, einen starken Gegner ohne atemi so aus dem Gleichgewicht zu bringen, daß eine Technik effizient durchzuführen ist.

Diejenigen, die der Ablenkung dienende Schläge als zu gewalttätig oder dem Aikido nicht angemessen verurteilen, kennen die Auffassung des Begründers nicht, der im Training stets die Wichtigkeit solcher Bewegungen betonte. Atemi bilden einen wesentlichen Bestandteil der Grund- und Fortgeschrittenentechniken und sollten im Training nicht übergangen werden. Der Begründer begann jedes Training mit tai no henko und morotedori kokyuho. Er beendete jedes Training mit suwariwaza kokyuho. Tai no henko ist die Grundlage für sämtliche ura oder Drehbewegungen. Die beiden kokyuho oder « Atemmethoden » lehren das richtige Atmen, die richtige Koordination des Körpers und wie man Ki kraftvoll fließen läßt.

Im Aikido spreizt man die Finger, um Ki durch den Arm fließen zu lassen. Dies ist eine gute Methode, die Grundtechniken zu lernen, um sie ohne Einsatz von Kraft ausführen zu können. Wird man unvermittelt gegriffen, kann man sich einen Vorteil gegenüber dem Angreifer verschaffen, indem man die Finger spreizt. Dadurch wird das Handgelenk dicker und schwerer zu halten – eine Methode, die allgemein in der Selbstverteidigung gelehrt wird.

Durch die korrekte Übung von Grundtechniken stellt sich Ki praktisch von selbst ein. Wenn man sich darüber zu viele Gedanken macht, ist man unfähig, die Bewegung auszuführen. Hat man erst einmal Ki entwickelt, fließt es selbst wenn die Finger entspannt sind, ganz natürlich durch die Hände.

Der Begründer betrachtete die Techniken von ikkyo bis sankyo als vorbereitende Bewegungen. Durch ikkyo wird der Körper trainiert; bei nikyo werden die Handgelenke nach innen verdreht, was die Gelenke reizt und kräftigt. Bei sankyo wiederum werden sie in die entgegengesetzte Richtung bewegt. Übt man diese Techniken, wird man einen Körper entwickeln, mit dem man einen Feind durch einen einzigen Schlag besiegen kann. Diese Grundtechniken sind Vorbereitung für jeden Schüler; auf ihnen baut das gesamt Aikido-Training auf.

Ein weiterer unentbehrlicher Teil des Trainings ist die Beherrschung von Eintritts- und Drehbewegungen. Beschließt man einzutreten, muß man ganz eintreten; beschließt man, sich wegzudrehen, muß man sich vollkommen wegdrehen. Es ist schwierig einzutreten, nachdem man einen Schlag abgewehrt hat – es sei denn, man ist kräftemäßig im Vorteil. also muß man

sich drehen, wenn es notwendig ist, beispielsweise in einer Situation, in der man nicht blocken kann. Man muß sich auch drehen, wenn man von hinten angegriffen wird. Ferner lernt man durch Ausweich- (Dreh)techniken, sich frei zu bewegen.

In letzter Zeit ist die Bezeichnung « takemusu aiki » recht häufig strapaziert worden, es hat allerdings den Anschein, daß nur wenige seine Bedeutung verstehen. Takemusu aiki wird als unerschöpfliche Quelle von Techniken verstanden, die als Ergebnis das Studium der Prinzipien des Aikido entstehen. Im Aikidotraining – das sowohl Körpertechniken als auch aiki ken und aiki jo einschließt – muß man klar unterscheiden zwischen ikkyo und nikyo, omote und ura, Grundtechniken und fließenden Techniken. Ferner gibt es Fortgeschrittenentraining, das Studium verwandter Techniken und angewandte Techniken (oyowaza). Kürzlich versuchte ich auf einer Italienreise so viele Techniken auszuführen wie ich konnte. Obwohl ich mich auf Grundtechniken, ki no nagare, Variationen und angewandte Techniken beschränkte, kam ich auf über 400 Techniken. Es wären über 600 Techniken gewesen, hätte ich Techniken im Sitzen, hanmihandachi (Angreifer steht, Verteidiger sitzt) und Kontertechniken eingeschlossen.

Gleichgültig wie brillant manche über takemusu aikido schreiben, wenn sie als Lehrer betrachtet werden sollen, müssen sie diese wunderbaren Techniken auch selber ausführen können. Wenn man der traditionellen Trainingsmethode entsprechend beharrlich trainiert, wird man eines Tages fähig sein, eine unbegrenzte Zahl von Aikido-Techniken (von der Grundtechnik bis zur höchsten Stufe der Technik) auszuführen.

Hintergründe und Grundlagen

VORÜBUNGEN

Hintergründe und Grundlagen

1 Ausgangsstellung ist gyaku hanmi. Uke greift das linke Handgelenk des Partners.

2 Nage richtet die Finger nach nnen und führt seine linke Hand vor sein Zentrum.

38

Kommentar

Das tägliche Training beginnt mit tai no henko. Die Grundlage für ura-Bewegungen ist die Bewegung der Füße. Die Zehen von Nages linkem Fuß müssen genau vor den Zehen von Ukes rechtem Fuß gebracht werden. Nage dreht sich mit einer kreisförmigen Bewegung neben den Partner. Während der Drehung müssen die Finger vollkommen ausgestreckt sein, und Nage muß Ki fließen lassen. Nage muß lernen, in den Hüften stets stabil zu stehen, unabhängig davon, ob Uke drückt oder zieht. Früher führte der Begründer tai no henko mit nur einer Hand aus, aber in späteren Jahren verwendete er beide Hände. Nach der Drehung müssen die Finger beider Hände auf gleicher Höhe sein.

Anmerkung

Im folgenden bezieht sich die Bezeichnung «Uke» auf den angreifender, «Nage» auf den ausführenden Partner.

3

3 & **4** Nage dreht seine Hüften nach innen und dreht mit dem rechten Fuß nach hinten weg.
Dabei muß er stets aufrecht bleiben. Die Fingerspitzen beider Hände werden in der Endposition parallel zum angreifenden Partner ausgestreckt.

4

4

4 Ansicht von vorne.

1 Ausgangsstellung ist gyaku hanmi. Uke greift mit beiden Händen die linke Hand des Partners.

2 Nage senkt Ellbogen und Hüften ab und läßt Ki durch seinen Arm fließen.

40

Steht Uke im rechten hanmi und greift Nages linken Arm, setzt Nage seinen linken Fuß neben den rechten Fuß des Partners und dreht die Hüften, um von linkem in rechtes hanmi zu wechseln. Nage muß die Bewegung mit dem Gefühl ausführen, die Schultern, Ellbogen und Hüften leicht abzusenken. Nage dreht neben den Partner und blickt in die gleiche Richtung wie er. Dies ist ein wesentlicher Punkt für alle kokyu-Übungen. Wenn Nage den Partner ansieht, stimmt die Distanz oder maai nicht. Blickt Nage in die gleiche Richtung wie der Partner mit dem Gefühl, ihn zu umwickeln, bleibt Uke dicht bei ihm und wird nicht entkommen können. Sieht Nage den Partner auch nur ansatzweise an, werden sich beide Körper voneinander entfernen, die Distanz zwischen den Partnern wird zu groß werden.

3 Nage wechselt in ai hanmi, indem er sich auf der Stelle dreht. Er sieht in die gleiche Richtung wie der Partner.

4 Nage hebt beide Hände; bringt dadurch den Partner aus dem Gleichgewicht und tritt mit dem linken Fuß hinter ihn.

5 Nage verlagert sein Gewicht auf den linken Fuß und führt beide Hände auf den Kopf des Partners zu, um den Wurf auszuführen. Sein Blick sollte weiterhin nach vorne gerichtet sein, um nicht von einem möglichen Tritt des Partners getroffen zu werden.

Hintergründe und Grundlagen

1 Beide Partner sitzen sich gegenüber. Uke greift beide Handgelenke des Partners von der Seite.

2 Nage hebt die Arme, als ob er ein Schwert führt und läßt Ki durch die Arme fließen, dann richtet er seine Finger nach außen.

42

Anmerkung

Die Fotos zu dieser Technik wurden dem Buch Budo (S. 36 – 37) entnommen.

3

3 & **4** Nage bringt seine Hüften nach links vorne, um den Partner aus dem Gleichgewicht zu bringen und bewegt sein rechtes Bein nach vorn

4

43

5 Nage vollendet die Bewegung, indem er sein rechtes Knie zur Seite des Partners bringt. Dabei bleiben seine beiden Hände ganz ausgestreckt. Um Uke am Aufstehen zu hindern, bleiben Nages Hände über Ukes Oberkörper ausgestreckt.

5

Hintergründe und Grundlagen

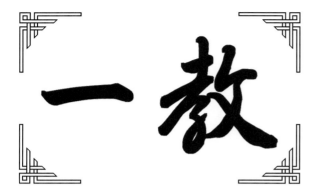

Ikkyo

Hintergründe und Grundlagen

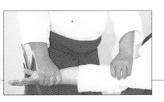

1 Nage initiiert die Bewegung, indem er mit dem rechten Fuß einen Schritt nach vorne macht und seine rechte tegatana entschlossen auf das Gesicht des Partners zuführt.

2 Uke blockt mit der rechten Hand, um sein Gesicht zu schützen. Nage greift fest den Ellbogen des Partners und drückt das Handgelenk des Partners mit der tegatana nach unten.

46

3 & **4** Nage bringt den Partner aus dem Gleichgewicht, indem er dessen Arm vor sein Zentrum führt. Dann macht er mit dem linken Fuß einen großen Schritt schräg nach vorn und führt den Arm des Partners mit der Vorwärtsbewegung nach unten.

Takemusu Aikido

Shomenuchi ikkyo omote

5

5 Die Verhebelung erfolgt im rechten Winkel zum Körper des Partners.

Kommentar

In dem technischen Handbuch Budo, das 1938 herausgegeben wurde, schreibt der Begründer, daß bei shomenuchi ikkyo omote der Partner die Technik initiiert, der am Ende den Wurf ausführt. « Geht mit dem rechten Fuß einen Schritt nach vorne, während ihr mit der rechten tegatana zum Gesicht schlagt... » (S. 11).

Wenn Nage das Handgelenk des Partners greift, müssen sich seine Hände und Füße in Einklang bewegen. Stimmen die Bewegungen der Hände und Füße nicht überein, wird die Technik schwach sein. Durch einen Angriffsschlag mit der rechten Hand bringt Nage den Partner zum Blocken. Nages linke und rechte Hand bewegen sich gleichzeitig mit dem rechten Fuß. Durch die Vorwärtsbewegung des rechten Fußes wird das Gleichgewicht des Partners gebrochen. Nage muß die Bewegungen der Hände und Füße aufeinander abstimmen, um gegen einen Partner, der sich zur Wehr setzt, Erfolg zu haben.

O-Sensei sagte: "Nachdem ihr den Partner aus dem Gleichgewicht gebracht habt, müßt ihr mit dem linken Fuß eintreten. Dabei müßt ihr das Gefühl haben, den Gegner umzustoßen. Ihr müßt den rechten Fuß hinter den linken nachziehen." Der rechte Fuß sollte nicht hervorstehen. O-Sensei sagte : « Ihr müßt mit dem linken Fuß eine starke, schiebende Bewegung machen. » Wenn der Schritt mit dem linken Fuß zu klein ist, neigt man dazu, mit rechts nach vorne zu gehen. Dies widerspricht dem Prinzip der Grundtechniken und ist ein weitverbreiteter Fehler. Nage drückt die vordere Hand des Partners nach unten, während er mit dem linken Fuß einen großen Schritt nach vorn macht und sein Bein unterhalb der Achselhöhle in die Seite des Partners stößt.

"Wenn der Arm des Partners am Boden festgehebelt wird, ist es unbedingt notwendig, daß der Arm einen rechten Winkel zum Körper bildet" (S. 12). Verhebelt man den Arm des Angreifers schräg in Richtung seines Kopfes, wird die Technik schwach und leicht zu kontern sein.

47

Hintergründe und Grundlagen

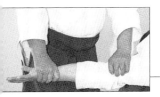

1

1 Ausgangsstellung ist ai-hanmi. Nage initiiert die Bewegung, indem er die rechte tegatana auf das Gesicht des angreifenden Partners zuführt, während er mit dem linken Fuß einen Schritt nach vorne macht.

2

2 Nage bringt die Zehen seines linken Fußes auf eine Linie mit den Zehen des Partners, um die richtige Distanz herzustellen. Er greift Ukes Ellbogen fest mit der linken und Ukes Handgelenk mit der rechten Hand.

48

3

3 Nage dreht mit dem rechten Fuß nach hinten weg, während er mit beiden Händen gleichmäßigen Druck auf den Arm des Partners ausübt.

4

4 Nage verhebelt den Arm des Partners wie bei ikkyo omote im rechten Winkel zu dessen Körper.

Takemusu Aikido

TWie bei tai no henko tritt Nage mit seinen Zehen genau vor die des Partners. Der vordere Fuß dient als Achse, um die er sich aus der Angriffslinie wegdreht. Arme und Füße müssen im Einklang miteinander bewegt werden. Genau in dem Moment, in dem er die Zehen seines linken Fußes auf eine Linie mit denen des rechten Fußes des Partners bringt, dreht Nage die Hüften, um den Partner aus dem Gleichgewicht zu bringen. Nage muß den Partner mit dem Gefühl des Drückens und Drehens auf einer kreisförmigen Bahn zu Boden führen. O-Sensei sagte: "Dreh nicht nur den Arm des Partners."

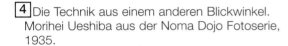

2 Sicht von der anderen Seite.

4 Die Technik aus einem anderen Blickwinkel.
Morihei Ueshiba aus der Noma Dojo Fotoserie,
1935.

Hintergründe und Grundlagen

1 2 & **3** Uke schlägt Yokomenuchi. Nage macht mit dem linken Fuß einen Schritt schräg nach vorne (Fußposition bleibt gyaku hanmi), um den Schlag abzuwehren. Um die Vorwärtsbewegung des angreifenden Partners zu blocken, bringt Nage seinen ausgestreckten linken Arm gegen Ukes Unterarm in Höhe des Handgelenks und führt gleichzeitig mit der rechten Hand ein atemi zum Gesicht des Partners aus.

4 Nage greift mit seiner linken Hand den Ellbogen und mit der rechten Hand das Handgelenk des Partners und bringt dessen Arm vor sein Zentrum.

5 Nage macht mit dem linken Fuß einen großen Schritt schräg nach vorn und führt den Arm des Partners mit der Vorwärtsbewegung nach unten.

3

Kommentar

In O-Senseis Buch Budo ist im Kapitel über yoko-menuchi-Training die Abwehr eines yokomenu-chi-Angriffs beschrieben: "Ihr müßt den yokomen-Angriffsschlag des Gegners mit eurem Ki her-beiführen. Während ihr mit eurer rechten tegatana zur linken Kopfhälfte des Gegners schlagt, müßt ihr mit dem rechten Fuß einen Schritt nach vorn machen. Ihr müßt mit dem linken Fuß einen klei-nen Schritt schräg nach links vorne machen, während ihr seine rechte Hand mit eurer linken tegatana blockt und mit der rechten Hand in sein Gesicht schlagt. " (S. 16). Ikkyo, nikyo, sankyo und yonkyo beginnen alle auf diese Weise.

Wenn man yokomen übt, muß man wissen, wie yokomen-Schläge ausgeführt und abgeblockt werden. Der Schlag kommt nicht im großen Bogen von der Seite. Die Schlaghand wird gera-de über den Kopf gehoben, der Schlag gleicht einem Schlag mit dem Schwert, er trifft den Kopf des Partners seitlich in einem leicht schrägen Winkel. Zur Abwehr blockt Nage mit der linken Hand und führt mit der rechten Hand ein atemi aus. Abwehr und Angriff werden gleichzeitig aus-geführt, die rechte und linke Hand arbeiten zusammen.

ein yokomen-Angriff von rechts beispielsweise wird von der linken Hand geblockt, während die rechte Hand atemi schlägt. Dann wird mit rechts die rechte Hand des Partners (immer von oben über Nages eigene linke Hand!) gegriffen. Nage darf niemals seinen Arm unter seiner linken Hand durchführen. Manche Techniken sind sehr schwierig auszuführen, wenn Nage versucht, die Hand des Partners von unten zu greifen. Iriminage und einige andere Techniken lassen sich auf diese Weise ausführen, aber wenn man bei nikyo oder sankyo von unten greift, kann der Partner entkommen.

Blockt man zu nah an der Hand, kann man das Handgelenk manchmal nicht von oben greifen. Viele schaffen es nicht, die Technik auszuführen, weil sie der Abwehr des Schlages nur unzurei-chende Beachtung schenken. Sie blocken zu dicht bei der Hand und versuchen, das Handgelenk von unten zu greifen. Bei der Ausführung von ikkyo, nikyo, sankyo, yonkyo, iri-minage oder jeder anderen Technik muß man nach dem Blocken das Handgelenk von oben greifen.

6

6 Die Verhebelung erfolgt im rechten Winkel zum Körper des Partners

1

2

1 **2** & **3** Uke schlägt Yokomenuchi. Nage macht mit dem linken Fuß einen Schritt schräg nach vorne (Fußposition bleibt gyaku hanmi), um den Schlag abzuwehren. Um die Vorwärtsbewegung des angreifenden Partners zu blocken, bringt Nage seinen ausgestreckten linken Arm gegen Ukes Unterarm in Höhe des Handgelenks und führt gleichzeitig mit der rechten Hand ein atemi zum Gesicht des Partners aus. Dann setzt er die Zehen seines linken Fußes auf eine Linie mit den Zehen von Ukes rechtem Fuß.

52

4

5

4 Nage greift mit der linken Hand den rechten Ellbogen des Partners und mit der rechten Hand das Handgelenk des Partners.

5 Nage legt seine linke Hand auf den Ellbogen des Partners und dreht sich rasch nach hinten weg, während er mit beiden Händen gleichmäßigen Druck auf den Arm des Partners ausübt.

3

3

3 Morihei Ueshiba, aus seinem Buch Budo, 1938.

6

6 Die Verhebelung erfolgt im rechten Winkel zum Körper des Partners.

Kommentar

Bei der Ausführung von ura-Techniken wird der Schlag aus gyaku hanmi abgewehrt. Auf diese Weise kann man die Techniken schnell und wirksam ausführen. Wenn der Partner stark ist, blockt man den Schlag nicht ab, sondern läßt ihn an sich vorbeifließen. Zur sicheren Kontrolle über den Angreifer sind die Grundformen der Bewegung erforderlich. Wenn Nage von den Grundformen abweicht, befindet er sich nicht im Einklang mit dem Partner. Die richtige Distanz und Stellung hängen stets vom Partner ab. Dies muß man beachten, um die Grundtechniken richtig zu üben. Wird die Technik sehr schnell ausgeführt, kann Nage die Kraft eines starken Partners an sich vorbeileiten. Für die ura-Grundform ist die Fußstellung wesentlich.

Hintergründe und Grundlagen

1 & **2** Ausgangsstellung ist gyaku hanmi. Uke greift Nages linke Hand. Nage öffnet die Finger und macht mit dem linken Fuß einen Schritt zur Seite, gleichzeitig führt er mit der rechten Hand ein atemi zum Gesicht des Partners aus. Nage wechselt in rechtes hanmi.

54

Kommentar

Wenn Uke mit der rechten Hand Nages linke Hand greift, spreizt Nage die Finger und bewegt gleichzeitig die linke Hand und den linken Fuß zur linken Seite. Dann setzt Nage seinen rechten Fuß in eine rechte hanmi-Position nach und führt ein atemi zum Gesicht des Partners aus. Mit der Hand, die das atemi ausführt, greift Nage die rechte Hand des angreifenden Partners von oben und führt seine linke Hand zu dessen Ellbogen. Gleichzeitig dreht er die Hüften.

Wie immer bei ikkyo omote, schiebt Nage seinen linken Fuß weit nach vorn, um den Partner aus dem Gleichgewicht zu bringen. Bei ikkyo ist es nicht notwendig, Ukes Hand wie bei nikyo zu verhebeln. Hier ist es ausreichend, den Partner so zu halten, daß er sich nicht mehr bewegen kann. Lehrer müssen diese klare Unterscheidung zwischen ikkyo und nikyo treffen

3

4

3 Nage legt seine linke Hand auf das Handgelenk des Partners und dreht seine Hüften kraftvoll nach rechts.

4 Nage führt seine linke Hand zum Ellbogen des Partners und vollendet die Hüftdrehung. Dabei bringt er Ukes Arm vor sein Zentrum und bricht dadurch das Gleichgewicht des Partners. Dann tritt er schräg nach links ein und führt den Partner zu Boden.

5

6

5 & **6** Nage setzt sich ab und verhebelt Ukes Arm im rechten Winkel zu dessen Körper.

Hintergründe und Grundlagen

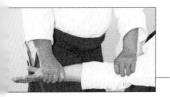

1 & **2** Ausgangsstellung ist gyaku hanmi. Uke greift Nages linke Hand. Nage macht einen Schritt nach links, während er wie bei katatedori ikkyo omote ein atemi zum Gesicht des Partners ausführt.

Bis hier wird die Technik genau wie katatedori ikkyo omote ausgeführt.

Kommentar

Zu Beginn der Bewegung muß Nage seine Zehen mit denen des Partners auf eine Linie bringen. Dies ist der Schlüssel zu den ura-Techniken.

3

3 & **4** Nage greift mit der rechten Hand die tega-tana des Partners und dreht die Hüften nach innen. Er tritt mit dem linken Fuß ein bringt und bringt seine Zehen mit denen des Partners auf eine Linie. Dann dreht sich Nage nach hinten rechts, um den Partner aus dem Gleichgewicht zu bringen.

4

57

5 Die Verhebelung erfolgt im rechten Winkel zum Körper des Partners.

5

Hintergründe und Grundlagen

1 & **2** Uke greift aus rechtem hanmi beide Hände des Partners. Dieser macht einen kraftvollen Schritt nach links und befreit seine rechte Hand, indem er seinen Ellbogen nach innen bringt, so daß Uke die Hand nicht mehr halten kann. Nage wechselt in rechtes hanmi und faßt mit rechts die rechte Hand des angreifenden Partners (auf dem Foto nicht dargestellt).

3 Nage dreht seine Hüften kraftvoll nach rechts und führt seine linke Hand zu Ukes Ellbogen.

4 Nage bringt den Partner aus dem Gleichgewicht, indem er dessen Arm vor sein Zentrum führt.

Ryotedori ikkyo omote

2 Genaue Darstellung der Befreiungsbewegung aus einem anderen Blickwinkel

Die Ausgangsstellung für omote-Techniken aus dem Angriff ryotedori ist ai-hanmi. Beide Partner stehen sich in der gleichen Stellung (mit dem gleichen Fuß vorn) gegenüber. Ura-Bewegungen dagegen beginnen aus gyaku-hanmi. Die Partner stehen sich mit dem gegenüberliegenden Fuß vorn gegenüber. Omote und ura sind identisch bis zu dem Punkt, an dem das Gleichgewicht des Partners gebrochen wird. Danach bewegt sich Nage entweder nach vorn (omote) oder dreht sich weg (ura). Wichtig ist, den Partner zuvor aus dem Gleichgewicht zu bringen.

Ferner ist es erforderlich, eine Hand aus dem Griff des Partners zu befreien. Dies läßt sich einfach durchführen, indem man die Finger öffnet und den Körper kraftvoll nach innen dreht, um damit den Partner aus dem Gleichgewicht zu bringen.

59

5

6

5 & 6 Nage tritt schräg nach links ein und sitzt ab. Er verhebelt Ukes Arm im rechten Winkel zu dessen Körper.

Hintergründe und Grundlagen

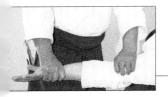

1 & **2** Ausgangsstellung ist gyaku-hanmi. Uke greift mit beiden Händen Nages rechten Arm. Nage läßt Ki durch den Arm fließen, senkt gleichzeitig Hüften und Ellbogen ab und bringt den Arm vor sein Zentrum.

60

Kommentar

Dies ist die Grundform von kokyuho. Wenn Uke aus linkem hanmi Nages rechte Hand greift, senkt Nage Schultern, Ellbogen und Hüften ab und dreht sich neben den Partner. An dieser Stelle muß Nage die Hüften drehen, um von rechtem in linkes hanmi zu wechseln und entweder eine omote- oder eine ura-Bewegung ausführen. Bei omote bringt Nage seine Hände nach oben und führt sie mit einer Hüftdrehung im großen Kreis um sich herum vor sein Zentrum. Bei ura bringt Nage die Zehen auf eine Linie mit denen des Partners und dreht sich nach hinten weg.

3

4

3 Nage dreht die Hüften nach innen auf den Partner zu, greift mit rechts dessen rechtes Handgelenk und legt seine linke Hand auf Ukes Ellbogen.

4 Nage bringt den Partner aus dem Gleichgewicht, indem er dessen Ellbogen vor sein Zentrum führt.

5

6

5 Nage macht mit dem linken Fuß einen großen Schritt schräg nach vorn und führt Ukes Ellbogen mit der Vorwärtsbewegung nach unten.

6 Die Verhebelung erfolgt im rechten Winkel zum Körper des Partners.

1 & **2** Ausgangsstellung ist gyaku-hanmi. Uke greift Nages Ärmelaufschlag. Nage verläßt die Angriffslinie zur linken Seite und führt gleichzeitig ein atemi zum Gesicht des angreifenden Partners aus.

5 Nage bringt den Partner aus dem Gleichgewicht, indem er dessen Arm vor sein Zentrum führt.

6 & **7** Nage macht mit dem linken Fuß einen Schritt schräg nach vorn und führt Ukes Arm mit der Vorwärtsbewegung nach unten.

Takemusu Aikido

3

4

3 & **4** Nage greift mit rechts die rechte Hand des Partners und dreht die Hüften auf den Partner zu. Dann dreht er die linke tegatana nach innen, um sich aus Ukes Griff zu befreien. Dabei muß er seinen Ellbogen so tief wie möglich halten.

7

8

63

8 Die Verhebelung erfolgt im rechten Winkel zum Körper des Partners.

Kommentar

Um den Partner aus dem Gleichgewicht zu bringen, muß man die Hüften stark drehen. Wenn die Ferse des hinteren Fußes nicht fest auf dem Boden bleibt, werden auch die Hüften nach oben gedreht. Dreht man die Hüften jedoch stark genug, bleibt die Ferse fast ganz auf dem Boden. Außerdem müssen die Hüften während des Hebels stets unten bleiben. Dies gilt für alle Aikido-Techniken.

1 & **2** Ausgangsstellung ist gyaku-hanmi. Uke greift Nage in Höhe des Ellbogens am Ärmel. Nage macht einen Schritt nach links von der Angriffslinie und führt gleichzeitig ein atemi zum Gesicht des Partners hin.

64

Kommentar

Da Nage in Sodedori die Hand des Partners nicht greifen kann, muß er seine tegatana auf Ukes Ellbogen legen und die Hüften ganz drehen. Dann kann er Ukes Hand fassen.

3

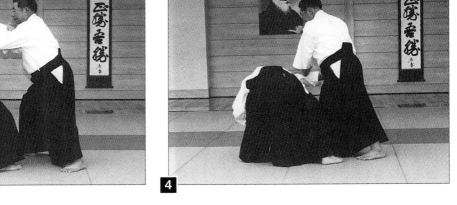

4

3 Nage greift mit rechts Ukes rechte Hand und dreht die Hüften nach innen auf den Partner zu. Dadurch wird der Angreifer gezwungen, den Griff zu lösen. Nage legt seine linke tegatana auf den Ellbogen des angreifenden Partners und dreht die Hüften. Dabei muß er darauf achten, den Ellbogen unten zu halten.

4 Nage bringt den Partner aus dem Gleichgewicht, indem er dessen Arm vor sein Zentrum führt. Dann macht er mit dem linken Fuß einen großen Schritt schräg nach vorn und führt Ukes Arm mit der Vorwärtsbewegung nach unten.

65

5

6

5 & **6** IDie Verhebelung erfolgt im rechten Winkel zum Körper des Partners.

Hintergründe und Grundlagen

1

2

1 & **2** Ausgangsstellung ist gyaku-hanmi. Uke greift Nage am Revers. Nage macht einen großen Schritt nach links von der Angriffslinie.

66

5

6

5 Nage bringt den Partner aus dem Gleichgewicht, indem er dessen Arm vor sein Zentrum führt.

6 Nage macht mit dem linken Fuß einen großen Schritt schräg nach vorn und führt den Arm des Partners mit der Vorwärtsbewegung nach unten.

Takemusu Aikido

Munadori (katate) ikkyo omote

3

4

3 Nage greift mit rechts die rechte Hand des Partners von oben und hält sie an seinem Oberkörper.

4 Die Hand des Partners bleibt in dieser Position, während Nage mit der tegatana an Ukes Ellbogen die Hüften dreht. Dadurch wird der Griff des Partners gelöst. Dann faßt Nage den Ellbogen des Partners.

67

7

7 Die Verhebelung erfolgt im rechten Winkel zum Körper des Partners.

Kommentar

Nage muß genügend Kraft in seinen kleinen Finger und den Daumen legen. Er muß den Oberkörper, die Hand, die Hüften und die tegatana gleichzeitig einsetzen. Der Partner wird durch die Drehung der Hüften aus dem Gleichgewicht gebracht. Um den ikkyo-Hebel ausführen zu können, muß Nage einen großen Schritt nach vorn machen.

Hintergründe und Grundlagen

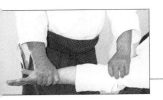

1 & **2** Ausgangsstellung ist gyaku-hanmi. Uke greift Nages Schulter. Nage verläßt die Angriffslinie weit nach links und führt ein atemi zum Gesicht des Partners aus.

5 Nage bringt den Partner aus dem Gleichgewicht, indem er dessen Arm vor sein Zentrum führt.

6 Nage macht mit dem linken Fuß einen großen Schritt schräg nach vorn und führt Ukes Arm mit der Vorwärtsbewegung nach unten.

Takemusu Aikido

3

4

3 & **4** Nage greift mit rechts die rechte Hand des Partners von oben und hält sie an seiner Schulter. Die Hand bleibt in dieser Position, während Nage die Hüften kraftvoll auf den Partner zu dreht. Dann bringt Nage seine linke Hand zum Ellbogen des Partners. Dadurch wird der Griff an der Schulter gelöst.

7

7 Die Verhebelung erfolgt im rechten Winkel zum Körper des Partners.

Kommentar

Um den Partner aus dem Gleichgewicht zu bringen, muß Nage die Schulter erst nach außen bewegen, um sie dann stoßartig nach vorn zu bringen.

Der richtige katadori-Griff muß vom angreifenden Partner so ausgeführt werden, daß der gehaltene Partner sich nicht bewegen kann. Man kann verhindern, daß der Partner sich bewegt, indem man ihn außen an der Schulter hält.

Nage muß die Schulter voll einsetzen. Die Kraft der Schulter kommt aus den Hüften. O-Sensei sagte: "Die Bewegung der Hüften wird von den Füßen und die Bewegung des Kopfes von den Händen bestimmt." Nage muß in hanmi stehen, damit er sich drehen kann.

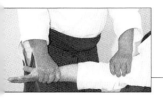

1

1 & **2** Ausgangsstellung ist ai-hanmi. Uke greift Nages rechte Hand. Nage verläßt die Angriffslinie nach links und läßt durch beide Arme Ki fließen.

2

70

Manchmal hält der angreifende Partner die Hand über Kreuz aus einem schwierigen Winkel, beispielsweise von oben oder unten. Beim Üben der Grundformen sollte er allerdings von der Seite greifen, damit Nage sich bewegen kann. Der Partner wird durch den großen Schritt zur Seite aus dem Gleichgewicht gebracht. Nage muß mit der Hand einen großen Kreis beschreiben und die Hüften nach innen auf den Partner zu drehen. Dabei muß er darauf achten, daß sein rechter Ellbogen nicht nach oben zeigt.

3

4

3 Nage dreht sich auf den Partner zu, faßt mit rechts dessen rechtes Handgelenk und legt die linke Hand auf den Ellbogen des Partners.

4 Nage bringt den Partner aus dem Gleichgewicht, indem er dessen Arm vor sein Zentrum führt.

5

6

5 Nage macht mit dem linken Fuß einen großen Schritt schräg nach vorn und führt Ukes Arm mit der Vorwärtsbewegung nach unten.

6 Die Verhebelung erfolgt im rechten Winkel zum Körper des Partners.

Hintergründe und Grundlagen

1 & **2** Uke greift von hinten Nages Hände. Nage senkt die Hüften und streckt die Hände vor dem Zentrum aus.

5 & **6** Nage bewegt seinen Arm von unten ausgehend in einer kreisförmigen Bewegung und greift mit der linken Hand das Handgelenk des Partners, um in die ikkyo-Position zu kommen.

72

3

4

3 Nage dreht die Hüften nach innen und geht etwas nach links, gleichzeitig hebt er beide Hände gestreckt über seinen Kopf.

4 Nage bringt die rechte Hand zum Ellbogen des Partners und führt dessen Arm nach unten; die linke Hand bleibt ganz gestreckt.

Kommentar

Bei ushiro-Techniken (Angriff von hinten) muß man die koyuho-Grundform verwenden. Zuerst geht Nage in hanmi und schiebt die Hüften nach hinten, während er vor seinem Körper die Finger spreizt. Dann dreht Nage die Handflächen leicht nach vorn. Er hebt beide Hände und zieht sie ganz nach unten. Erst jetzt greift er Ukes Arm. Es ist schwierig, den Arm des Partners zu greifen, solange er oben ist. Um die Technik ausführen zu können, muß Nage den Partner erst ganz aus dem Gleichgewicht bringen.

Es gibt drei Formen von ushiro rytedori kokyuho:
1. Die Arme werden seitlich der Hüften gehalten.
2. Die Hände werden hinter den Rücken gezogen.
3. Die Arme werden hinter dem Rücken zusammengehalten.

Wenn Nages Körper nach vorn gerichtet ist, während er die Hände des Partners aus einem ushiro-ryotedori-Angriff in einen sankyo-Angriff übernimmt, kann er nach unten und hinten gezogen werden. Daher muß Nage seinen Körper schräg zum Partner drehen. Im abgesprochenen Grundlagentraining darf Nage sich, wenn er von hinten gegriffen wird, umschauen, um die Situation abzuschätzen.

Im ki-no-nagare-Training tritt der angreifende Partner von vorn hinter den Rücken Nages. Bei diesen Übungen darf Nage den Partner nie ansehen

73

7 & **8** Nage macht mit dem rechten Fuß einen Schritt schräg nach vorn und führt den Arm des Partners mit der Vorwärtsbewegung nach unten. Die Verhebelung erfolgt im rechten Winkel zum Körper des Partners

8

1 Darstellung des Angriffs von der anderen Seite
Morihei Ueshiba
aus seinem Buch Budo, 1938.

4 & **5** Nage greift mit rechts das Handgelenk des Partners und führt ihn in die ikkyo-Position vor sein Zentrum (auf den Fotos ändert sich hier der Blickwinkel). Er macht mit dem linken Fuß einen großen Schritt schräg nach vorn und führt Ukes Arm mit der Vorwärtsbewegung nach unten.

Takemusu Aikido

2

3

1 & **2**   Uke greift von hinten Nages Kragen. Nage macht mit dem rechten Fuß einen Schritt nach rechts hinten und hebt beide Arme über den Kopf, um sein Gesicht zu schützen.

3 Nage macht mit dem linken Fuß einen großen Schritt nach hinten und lehnt sich nach vorn, um den Partner aus dem Gleichgewicht zu bringen. Gleichzeitig führt er ein atemi zum Gesicht des Partners aus. Danach richtet Nage sich wieder auf.

5

6

6 IDie Verhebelung erfolgt im rechten Winkel zum Körper des Partners.

Hintergründe und Grundlagen

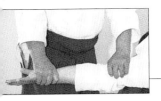

1 & **2** Uke greift von hinten Nages Kragen. Nage macht mit dem rechten Fuß einen Schritt schräg nach hinten und hebt beide Arme über den Kopf, um das Gesicht zu schützen

76

2 Darstellung der Technik von der anderen Seite Morihei Ueshiba aus seinem Buch Budo, 1938.

Takemusu Aikido

3

4

3 Nage macht mit dem linken Fuß einen großen Schritt nach hinten und lehnt sich nach vorn, um den Partner aus dem Gleichgewicht zu bringen. Gleichzeitig führt er ein atemi zum Gesicht des Partners aus. Dann richtet sich Nage wieder auf.

4 Nage greift mit der rechten Hand das Handgelenk des Partners und führt ihn in die ikkyo-Position, indem er den Arm des Partners vor sein Zentrum bringt.

5

6

5 & **6** Nage dreht mit dem rechten Fuß nach hinten weg, während er mit beiden Händen gleichmäßigen Druck auf Ukes Arm ausübt. Die Verhebelung erfolgt im rechten Winkel zum Körper des Partners.

Hintergründe und Grundlagen

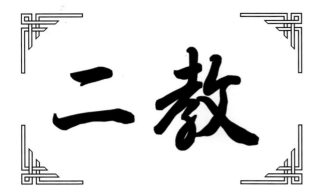

Nikyo

Hintergründe und Grundlagen

1 Nage initiiert die Bewegung, indem er mit dem rechten Fuß einen Schritt nach vorn macht und seine rechte tegatana vor das Gesicht des Partners bringt.

2 Nage greift den Ellbogen des Partners fest mit der linken Hand.

80

5 & **6** Nachdem Nage den Partner aus dem Gleichgewicht gebracht hat, geht er mit dem linken Fuß schräg nach vorn und führt Ukes Arm mit der Vorwärtsbewegung nach unten.

7 Nage sitzt ab und drückt die Schulter des Partners fest auf die Matte.

Takemusu Aikido

3

4

3 & **4** Nage stößt den Arm des Partners mit der rechten Hand in einer kreisförmigen Bewegung nach unten und faßt dessen Handgelenk von unten in der nikyo-Griffposition.

8

8 Nage hält Ukes Arm an seinem Körper fest, Uke darf nicht in der Lage sein, den Arm zu bewegen.

8

Kommentar

Nage muß den Ellbogen des Partners fest greifen und mit einer schneidenden Bewegung ganz nach unten führen. Die richtige Vorgehensweise ist in Budo beschrieben: "Ihr müßt euren Körper in einer großen Bewegung drehen und mit rechts die Hand, mit der der Gegner blockt, nach unten führen. Führt die Handfläche der rechten Hand am Arm des Partners entlang zu dessen Handgelenk und übernehmt es mit einem umge-kehrten Griff; der Daumen umfaßt das Handgelenk von unten her..." (S. 14).

Bei ikkyo wird das Handgelenk nur gehalten, nikyo geht einen Schritt weiter. Bei dieser Technik wird auf das Handgelenk starker Druck ausgeübt. Dies ist der einzige Unterschied zwischen den omote-Ausführungen von ikkyo und nikyo.

Mit dem rechten Arm verhebelt Nage den Arm des Partners so stark, daß dieser sich nicht befreien kann. O-Sensei sagte: "Hebelt so, als ob ihr grünen Bambus brechen wolltet." Nage muß sich selbst am Oberkörper greifen, um den Hebel fest ausführen zu können. Um den richtigen Winkel für den Hebel zu erhalten, muß Nage sein Zentrum über den Kopf des Partners bringen. O-Sensei sagte: "Bringt euren Ellbogen über den Kopf des Gegners."

8 Sicht von der anderen Seite.

Historique et techniques de base

1 & **2** Nage initiiert die Bewegung, indem er mit dem linken Fuß einen Schritt nach vorn macht und die tegatana entschlossen auf das Gesicht des Partners führt. Nage setzt die Zehen seines linken Fußes vor die Zehen von Ukes rechtem Fuß, um die richtige Distanz herzustellen. Dann greift er die Hand des Partners fest mit der linken Hand.

5 Nage sitzt ab, während er mit der linken tegatana stets Druck auf den Ellbogen des Partners ausübt.

6 Nage greift sich mit der linken Hand rechts ans Revers. Der Arm des Partners wird dadurch eng an Nages Oberkörper gepreßt. Nage streckt seinen rechten Arm mit der Handfläche nach oben entlang Ukes Rücken aus. Zu Beginn des nikyo-Bodenhebels muß Ukes Arm fest am Oberkörper anliegen. Nage muß beim Hebeln das Gefühl haben, sich mit dem Zentrum nach vorn in Richtung von Ukes Kopf zu lehnen.

Takemusu Aikido

3

4

3 Nage führt die Hand des Partners in einer kreisförmigen Bewegung nach unten. Gleichzeitig dreht er sich nach hinten weg. Er faßt Ukes Hand von unten in der nikyo-Griffposition.

4 Nage hält Ukes Arm fest an seinem Oberkörper und hebelt nikyo, indem er seinen Körper in Richtung des Partners neigt.

83

Nikyo-Variationen im Sitzen Morihei Ueshiba aus der Noma-Dojo-Fotoserie, ca. 1935

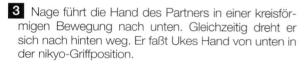

Kommentar

Bei der Grundform von nikyo ura muß Nage Zeh an Zeh mit dem Partner stehen und sich herumdrehen. Dadurch kommt er in eine gyaku-hanmi Position. O-Sensei sagte : « Ihr müßt das Handgelenk des Gegners fest mit der linken Hand greifen und mit der tegatana sein Handgelenk ganz nach unten führen. » Wenn das Handgelenk des Partners erst einmal ganz nach unten gebracht wurde, ist es sehr einfach zu fassen. Nage darf das Handgelenk des Partners niemals greifen, wenn es sich noch oben befindet. Der Hebel wird mit einer Art Wickelbewegung eingeleitet, als ob Nage die Hand des Partners umschlingen will.

Hintergründe und Grundlagen

1 **2** & **3** Uke schlägt yokomenuchi. Nage macht mit seinem linken Fuß einen Schritt schräg nach vorn, um den Schlag abzuwehren. Um die Vorwärtsbewegung des Partners aufzuhalten, bringt Nage seinen ausgestreckten linken Arm etwas über dem Handgelenk gegen Ukes Unterarm, gleichzeitig führt er mit der rechten Hand ein atemi zum Gesicht des Partners aus. Mit der linken Hand kontrolliert Nage den Ellbogen, die rechte Hand legt er auf Ukes linke Hand und faßt das Handgelenk.

84

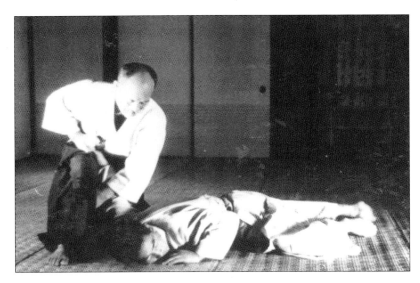

Während des nikyo-Bodenhebels Morihei Ueshiba aus der Noma-Dojo-Fotcserie, ca. 1935.

Takemusu Aikido

4 & **5** Während Nage mit der linken Hand den Ellbogen des Partners greift, führt er seine rechte Hand in einer Kreisbewegung nach unten in die nikyo-Griffposition.

6 Nachdem Nage den Partner aus dem Gleichgewicht gebracht hat, macht er mit dem linken Fuß einen großen Schritt schräg nach vorn und führt Ukes Arm mit der Vorwärtsbewegung nach unten.

85

7 & **8** Nage sitzt ab und drückt die Schulter des Partners fest auf die Matte. Er hält Ukes Arm fest am Körper; der Partner darf nicht in der Lage sein, den Arm zu bewegen.

Hintergründe und Grundlagen

1 & **2** Uke schlägt yokomenuchi. Nage macht mit seinem linken Fuß einen Schritt schräg nach vorn, um den Schlag abzuwehren (Fußstellung bleibt gyaku-hanmi). Um die Vorwärtsbewegung des Partners zu blocken, bringt Nage seinen ausgestreckten linken Arm etwas über dem Handgelenk zum Unterarm des Partners; gleichzeitig führt er mit rechts ein atemi zum Gesicht des Partners aus.

5 Gegen Ende der Drehung bringt Nage die Hand des Partners an seinen Oberkörper. Er hält das Handgelenk des Partners in der nikyo-Griffposition. Mit der Hand am Oberkörper lehnt sich Uke mit dem ganzen Körper nach vorn und verhebelt das Handgelenk des Partners.

6 Nage sitzt ab, während er mit seiner linken tegatana Druck auf den Ellbogen des Partners ausübt.

Takemusu Aikido

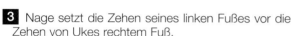

3 Nage setzt die Zehen seines linken Fußes vor die Zehen von Ukes rechtem Fuß.

4 Nage greift mit der linken Hand das rechte Handgelenk des Partners und führt dessen Hand kreisförmig nach unten, während er sich nach hinten wegdreht.

87

7 Nage greift sich mit der linken Hand rechts ans Revers. Dadurch wird der Ellbogen des Partners eng an Nages Oberkörper gepreßt. Nage streckt seine rechte Hand mit der Handfläche nach oben entlang Ukes Rücken aus. Zu Beginn des Bodenhebels muß der Arm des Partners fest an Nages Oberkörper anliegen. Beim Hebeln muß Nage das Gefühl haben, sich mit seinem Zentrum nach vorn in Richtung Ukes Kopf zu lehnen.

1 **2** & **3** Uke greift aus rechtem hanmi beide Hände des Partners. Dieser macht einen kraftvollen Schritt nach links und dreht seinen Ellbogen nach innen, so daß Uke die Hand nicht mehr halten kann. Nage greift mit rechts die rechte Hand und mit links den linken Ellbogen des angreifenden Partners. Nage dreht die Hüften kraftvoll nach rechts.

Kommentar

Es gibt viele ähnliche Formen der Technik aus unterschiedlichsten Angriffen (z. B. munadori, katadori, ryokatadori), bei denen ebenfalls wichtig ist, den Griff des Partners zu lösen.

Takemusu Aikido

4

5

4 Nage führt den Arm des Partners vor sein Zentrum, während er das Handgelenk des Partners nikyo verhebelt.

5 Nachdem Nage den Partner aus dem Gleichgewicht gebracht hat, macht er mit dem linken Fuß einen großen Schritt schräg nach vorn; seine linke Hüfte berührt dabei seitlich Ukes Oberkörper.

6

7

6 Nage preßt Ukes Schulter fest auf die Matte, während er die richtige Position für den nikyo-Bodenhebel einnimmt.

7 Die nikyo-Verhebelung wird mit dem ganzen Körper ausgeführt. Nage muß sich dazu nach vorn lehnen.

Hintergründe und Grundlagen

1 Uke greift aus rechtem hanmi beide Hände des Partners. Dieser macht einen kraftvollen Schritt nach links und dreht seinen Ellbogen nach innen, so daß Uke die Hand nicht mehr halten kann.

2 & **3** Nage greift mit rechts die rechte Hand des Partners und faßt dessen Handgelenk von unten in der nikyo-Griffposition.

90

Takemusu Aikido

4

4 Nage wechselt in gyaku-hanmi und hält Ukes Hand fest an seinem Oberkörper. Er beugt seinen Oberkörper nach vorn und verhebelt so die Hand des Partners. Die nikyo-Endverhebelung am Boden ist auf den Fotos nicht dargestellt.

4

4 Die Technik aus einem anderen Blickwinkel.

Hintergründe und Grundlagen

1 & **2** Uke greift aus rechtem hanmi beide Hände des Partners. Dieser macht einen kraftvollen Schritt nach links und befreit seine rechte Hand, indem er den rechten Ellbogen nach innen dreht. Dann faßt er mit der rechten Hand Ukes rechten Arm.

3

3 & **4** Nage greift mit der linken Hand das Handgelenk des Partners von außen. Er setzt seine Zehen vor die des Partners (Fußposition gyaku-hanmi) und führt das Handgelenk an seinen Oberkörper.

4

5

5 Nage beugt seinen Körper nach vorn und verhebelt so die Hand des Partners. Die nikyo-Endverhebelung am Boden ist auf den Fotos nicht dargestellt.

Hintergründe und Grundlagen

1 & **2** Ausgangsstellung ist gyaku-hanmi. Uke greift mit beiden Händen Nages rechten Arm. Nage läßt Ki durch den Arm fließen, senkt gleichzeitig Hüfte und Ellbogen und bringt den Arm vor sein Zentrum.

5 Nage wickelt die rechte Hand um Ukes Unterarm und verhebelt nikyo, während Ukes Arm vor sein Zentrum führt.

6 & **7** Nage sitzt ab, während er die Schulter des Partners fest auf die Matte drückt. Er hält Ukes Arm fest am Körper. Der Partner darf nicht in der Lage sein, den Arm zu bewegen.

Takemusu Aikido

3 & **4** Nage dreht seine Hüften nach innen auf den Partner zu und wechselt dabei von linkem in rechtes hanmi. Dann legt er seine linke Hand auf die rechte Hand des Partners. Uke darf nicht mehr in der Lage sein, seine Hand zu bewegen. Nage bringt seine rechte tegatana mit einer kreisförmigen Bewegung über das Handgelenk des Partners und verhebelt die Hand.

Kommentar

Bei omote-Techniken folgt der Hebel auf eine Vorwärtsbewegung. Bei ura-Techniken folgt er auf eine Drehung. Nage muß bei der Bewegung auf den Partner zu das Gefühl haben, mit der linken Hand auf dessen Fingerspitzen zu drücken. Durch den so entstandenen Winkel kann Nage die nikyo-Verhebelung effektiv ausführen. Sobald der Ellbogen des Partners nach oben geht, faßt Nage Ukes Handgelenk. Dann senkt Nage seinen Ellbogen ab und führt das Handgelenk des Partners mit einer schneidenden Bewegung nach unten. O-Sensei sagte: "Stoßt in Richtung der Achselhöhle des Partners und zieht ihn dann auf euch zu." Der nikyo-Hebel muß so stark ausgeführt werden, daß Uke seinen Arm nicht befreien kann.

3 **4** & **5** Details der Anwendung des nikyo-Hebels am Handgelenk.

1 & **2** Ausgangsstellung ist ai-hanmi. Uke greift Nage am Revers. Nage verläßt die Angriffslinie mit einem großen Schritt zur linken Seite.

96

3 Nage greift mit rechts die rechte Hand des Partners von oben. Die Hand des Partners hält er dabei an seinem Oberkörper.

6 Nage verhebelt die Hand des Partners, indem er sich nach vorn in Richtung des Partners lehnt.

7 Nage sitzt ab, während er mit der linken tegatana Druck auf den Ellbogen des Partners ausübt.

Takemusu Aikido

Munadori (katate) nikyo omote

4

5

4 & **5** Nage bringt seine linke Hand von unten zum Handgelenk des Partners und wechselt in gyaku-hanmi. Er hält Nages Handgelenk in der nikyo-Griffposition.

5 Darstellung der Technik aus einem anderen Blickwinkel.

8 Nage greift sich mit der linken Hand rechts an Revers. Dadurch wird der Ellbogen des Partners eng an Nages Oberkörper gepreßt. Nage streckt seine rechte Hand mit der Handfläche nach oben entlang Ukes Rücken aus. Zu Beginn des Bodenhebels muß der Arm des Partners fest an Nages Oberkörper anliegen. Beim Hebeln muß Nage das Gefühl haben, sich mit seinem Zentrum nach vorn in Richtung Ukes Kopf zu lehnen.

8

Kommentar

Auch wenn der Partner nicht losläßt, ist es möglich, die Technik in omote auszuführen. Um die ura-Version der Technik auszuführen, muß man jedoch das Handgelenk lösen. Nage muß beide Hände einsetzen, um Ukes Arm zu drehen. Mit anderen Worten: die rechte Hand faßt das Handgelenk des Partners von oben, die linke Hand greift von unten. Nage wechselt die Fußposition in gyaku-hanmi, während er die nikyo-Griffposition einnimmt und die Hüften dreht. Dann führt er unter Ausnutzung der Kraft des Oberkörpers die nikyo-Verhebelung aus. Bei katadori wird die Kraft der Schulter, bei muna-dori-Angriffen die Kraft des Oberkörpers ausgenutzt. Nages kleiner Finger zeigt zum Nasenrücken des Partners. Dadurch wird die Wirksamkeit der Technik erhöht.

Hintergründe und Grundlagen

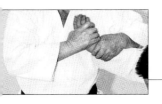

1 & **2** Ausgangsstellung ist gyaku-hanmi. Uke greift Nages Schulter. Nage macht einen großen Schritt von der Angriffslinie nach links und führt mit der rechten Hand ein atemi zum Gesicht des Partners aus.

3 Nage faßt mit der rechten Hand Ukes rechte Hand von oben. Die Hand des Partners hält er dabei an der Schulter. Dann greift er mit der linken Hand Ukes Handgelenk von unten.

4 Nage wechselt in gyaku-hanmi und hält dabei die Hand des Partners in der nikyo-Griffposition.

5 Nage verhebelt das Handgelenk des Partners, indem er sich nach vorn in Richtung des Partners lehnt. Die Endverhebelung am Boden ist hier nicht dargestellt.

Kommentar

IMan muß bei der Ausführung dieser Technik die Kraft der Schulter voll ausnutzen.

Hintergründe und Grundlagen

1 & **2** Ausgangsstellung ist ai-hanmi. Nage verläßt die Angriffslinie nach links; gleichzeitig legt er seine linke Hand auf die Hand des Partners, so daß dieser nicht loslassen kann.

5 & **6** Nage führt seine Hand mit einer schneidenden Bewegung nach unten auf die Achselhöhle des Partners zu. Dann zieht er ihn auf sich zu und verhebelt den Arm.

7 Nage sitzt ab; der Griff der rechten Hand wird beibehalten.

Takemusu Aikido

Kosadori nikyo omote

3

Kommentar

Die Technik wird auf die gleiche Weise wie moro-tedori nikyo ausgeführt.

3 & **4** Nage dreht die Hüften nach innen und bringt seine rechte tegatana über das Handgelenk des Partners.

4

8

9

8 Nage greift sich mit der linken Hand rechts ans Revers. Dadurch wird der Ellbogen des Partners eng an Nages Oberkörper gepreßt. Nage streckt seine rechte Hand mit der Handfläche nach oben entlang Ukes Rücken aus. Zu Beginn des Bodenhebels muß der Arm des Partners fest an Nages Oberkörper anliegen.

9 Beim Hebeln muß Nage das Gefühl haben, sich mit seinem Zentrum nach vorn in Richtung Ukes Kopf zu lehnen.

Hintergründe und Grundlagen

1 & **2** Ausgangsstellung ist gyaku-hanmi. Uke greift mit der rechten Hand Nages Revers. Nage macht einen Schritt nach links und führt gleichzeitig mit der rechten Hand ein atemi zum Gesicht des Partners aus.

102

Kommentar

Bei den bislang gezeigten nikyo-Techniken wurde der Ellbogen des Partners abgewinkelt und erst gehebelt, nachdem der Ellbogen nach oben verdreht worden war. Bei der hier gezeigten Anwendung wird jedoch gleich zu Beginn die nikyo-Griffposition eingenommen. Bei der Grundform wird durch das Verdrehen des Handgelenks der Ellbogen nach oben gebracht. Diese Bewegung wird genutzt, um das Gelenk in den richtigen nikyo-Griffwinkel zu bringe. Bei der hier gezeigten Variation hält Nage das Handgelenk des Partners mit der rechten Hand fest an seinem Oberkörper und verhebelt sofort durch eine Hüftdrehung, ohne den Ellbogen des Partners aufsteigen zu lassen.

3

3 & **4** Nage legt seine rechte Hand auf die Hand des Partners. Dabei hält er die Hand an seinem Oberkörper fest. Seine linke Hand bringt Nage von oben zum Handgelenk des Partners.

4

5

5 Nage macht mit dem rechten Fuß einen Schritt nach hinten (Wechsel des hanmi) und beugt sich für die Verhebelung nach vorn in Richtung des Partners. Die Endverhebelung am Boden ist hier nicht dargestellt.

Hintergründe und Grundlagen

1 & **2** Uke greift Nage mit der rechen Hand am Revers. Nage legt seine linke Hand auf die Hand des Partners und hält sie damit am Oberkörper fest.

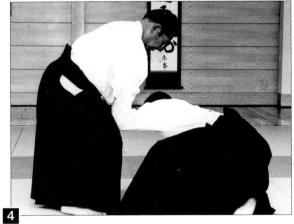

3 & **4** Zum Verhebeln lehnt Nage seinen Oberkörper nach vorn und zieht den Partner zu sich hin. Nage steht senkrecht zum Partner; seine Füße bleiben gespreizt.

Takemusu Aikido

Nikyo-Vorkriegsversion
Morihei Ueshiba
aus seinem Buch Budo, 1938.

Kommentar

Wie auf dem Foto zu sehen ist, stellte der Begründer in den Vorkriegsjahren seinen rechten Fuß auf den Fuß des Gegners. In Iwama verwarf O-Sensei diese Methode und setzt den linken Fuß nach vorn. Diese Position verleiht größere Standfestigkeit.

Hintergründe und Grundlagen

1 Ausgangsstellung ist ai-hanmi. Nage greift Uke mit der linken Hand am Revers. Nage macht mit dem rechten Fuß einen Schritt nach links und führt ein atemi zum Gesicht des Partners aus. Dann faßt er sich mit der rechten Hand unten am Revers.

2 Nage legt seine linke Hand über die Hand des Partners und greift auch damit etwas oberhalb der rechten Hand sein Revers.

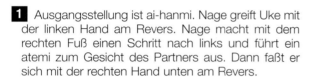

2 Genaue Darstellung der Hände.

Kommentar

Bei dieser Variation muß Nage sich mit der rechten Hand unter dem Arm des Partners selbst am Revers fassen. Mit der linken Hand hält er Ukes Handgelenk, so daß dieser die Hand nicht befreien kann. Um die Verhebelung ausführen zu können, muß Nage den Partner durch eine Hüftdrehung aus dem Gleichgewicht bringen.

Takemusu Aikido

Munadori nikyo henka (3)

3

3 & **4** Nage läßt sein Revers mit der rechten Hand los und faßt damit Ukes Unterarm.

4

5

5 Nage dreht für die Verhebelung die Hüften nach links und führt den Partner zu Boden..

Hintergründe und Grundlagen

1 & **2** Ausgangsstellung ist ai-hanmi. Uke drückt gegen Nages Brustkorb. Nage legt seine rechte Hand auf die des Partners und hält sie fest an seinem Oberkörper. Dann greift er mit der linken Hand Ukes Handgelenk.

Kommentar

Wenn Uke Nage am Revers hält und versucht, ihn wegzuschieben, greift Nage die schiebende Hand von oben, ohne ihre Lage zu verändern. Dann faßt er mit der linken Hand das Handgelenk des Partners. Durch die Drehung der Hüften verhebelt Nage die Hand. Der Ellbogen des Partners muß dabei unten bleiben !

3

3 & **4** Nage macht mit dem rechten Fuß einen Schritt nach hinten (Wechsel des hanmi) und hebelt die Hand des Partners.

4

4 Genaue Darstellung der Handposition.

4

Hintergründe und Grundlagen

1

2

1 & **2** Uke drückt gegen Nages Brustkorb. Nage führt mit der linken Hand ein atemi zur rechten Seite des Partners aus, greift mit der rechten Hand dessen Handgelenk und hält es fest an seinem Oberkörper.

3

4

3 Nage legt seine linke Hand etwas über dem Ellbogen auf Ukes rechten Arm und bewegt Ukes Handgelenk auf dessen Gesicht zu. Dadurch wird der Arm des Partners gebeugt.

4 Nage bringt den Partner aus dem Gleichgewicht, indem er dessen Ellbogen nach innen schiebt. Dann verhebelt er den Arm des Partners (hier nicht dargestellt).

Takemusu Aikido

Munadori nikyo henka (6)

1 & **2** Ausgangsstellung ist ai-hanmi. Uke drückt gegen Nages Brustkorb. Nage hält die schiebende Hand mit der rechten Hand fest.

111

3 & **4** Nage bringt seine linke Hand mit der Handfläche nach oben von unten zum Unterarm des Partners und verhebelt den Arm. Dann beugt er sich aus der Hüfte nach vorn und führt den Partner in die Position für den nikyo-Bodenhebel (hier nicht dargestellt).

Hintergründe und Grundlagen

1 & **2** Uke greift Nage aus rechtem hanmi am Revers und hält seinen Arm steif. Nage wechselt in linkes hanmi, faßt mit der rechten Hand das Handgelenk des Partners und hält es an seinem Oberkörper fest. Dann legt er die linke Hand von oben auf den Arm des Partners.

112

3 & **4** Nage beugt sich aus der Hüfte nach vorn, verhebelt den Arm des Partners und führt gleichzeitig ein atemi zu Ukes Gesicht aus. Die nikyo-Endverhebelung am Boden ist hier nicht dargestellt.

Munadori nikyo henka (8)

1 Uke greift aus rechtem hanmi Nages Revers. Nage hält mit rechts Ukes Hand fest, ohne deren Position zu verändern.

2 & **3** Nage senkt seinen Ellbogen ab, bis er seitlich an seinem Körper anliegt. Dann lehnt er seinen Körper nach vorn, um den Partner aus dem Gleichgewicht zu bringen. Die nikyo-Endverhebelung am Boden ist hier nicht dargestellt.

Kommentar

Nage muß die Hand des Partners fassen und seinen Oberkörper einsetzen, um das Handgelenk des Partners nach unten zu drücken. Dadurch geht auch der Ellbogen des Partners nach unten. Damit der Ellbogen nicht wieder nach oben geht, muß die Verhebelung aus einem Winkel ausgeführt werden. Wenn Nage zu weit vom Partner entfernt ist, wird der Ellbogen ebenfalls aufsteigen. Um dies zu verhindern, muß Nage das Handgelenk des Partners verdrehen.

Hintergründe und Grundlagen

114

3 Nage nimmt die nikyo-Griffposition ein, indem er mit der linken Hand Ukes Handgelenk und mit der rechten Hand Ukes Handrücken faßt.

Takemusu Aikido

4 **5** & **6** Für die Verhebelung dreht Nage die Hüften nach links und führt Ukes Arm horizontal auf dessen Gesicht zu. Die Endverhebelung am Boden ist hier nicht dargestellt.

Kommentar

Greift Uke mit rechts Nages linke Hand, muß Nage das Handgelenk des Partners ganz drehen und einen Winkel bilden, so daß der kleine Finger des Partners auf dessen Nase zeigt. Dann greift Nage mit seiner linken Hand das Handgelenk des Partners und bringt seinen rechten Daumen zu dessen Handwurzel. Nage beugt Ukes Arm und senkt seine Hüften ab.

Hintergründe und Grundlagen

1 & **2** Ausgangsstellung ist gyaku-hanmi. Uke greift mit rechts die linke Hand Nages. Dieser macht einen Schritt nach links und führt gleichzeitig mit der rechten Hand ein atemi zum Gesicht des Partners aus.

116

3 Nage faßt mit der rechten Hand Ukes Finger und legt seine linke tegatana auf Ukes Handgelenk.

4 Nage verhebelt Ukes Arm, indem er seine Fingerspitzen in Richtung Ukes Achselhöhle streckt. Die Verhebelung am Boden ist hier nicht dargestellt.

Katatedori nikyo henka (3)

1 & **2** Ausgangsstellung ist gyaku-hanmi. Uke greift mit rechts die rechte Hand des Partners. Nage führt seine linke Hand in einer kreisförmigen Bewegung von außen über die Hand des Partners. Gleichzeitig bringt er die Hand an seinen Brustkorb.

3 Nage legt seine rechte Hand auf Ukes Handgelenk und hält ihn in der auf dem Foto gezeigten Position.

4 Nage bringt seinen linken Ellbogen über den Unterarm des Partners.

5 Nage verhebelt Ukes Arm, indem er sich nach vorn lehnt. Dabei verändert er seine Position nicht.

Hintergründe und Grundlagen

1 & **2** Ausgangsstellung ist gyaku-hanmi. Uke greift Nage in Höhe des Ellbogens am linken Ärmel. Nage führt mit der rechten Hand ein atemi zum Gesicht des Partners aus. Dann faßt er mit der rechten Hand von oben Ukes Handgelenk.

3

3 & **4** Nage bringt seinen linken Ellbogen über Ukes Ellbogen und hebelt, indem er Druck auf Ukes Ellbogen ausübt.

4

5 Nage führt mit der Rückseite seiner Faust ein atemi zum Gesicht des Partners aus. Die nikyo-Bodenerhebelung am Boden ist hier nicht dargestellt.

5

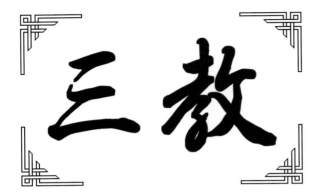

Sankyo

Hintergründe und Grundlagen

1 Nage initiiert die Bewegung, indem er seine rechte tegatana entschlossen auf das Gesicht des Partners zuführt.

2 Uke blockt mit der rechten Hand, um sein Gesicht zu schützen. Nage greift mit der linken Hand fest Ukes Ellbogen und schiebt mit seiner tegatana Ukes Handgelenk nach unten. Die Techniken von ikkyo und yonkyo sind bis zu dieser Stelle gleich

Morihei Ueshiba zeigt in einer Variation des sankyo aus der Vorkriegszeit den Gebrauch des Atemi, Fotoauszug aus seinem Buch Budo, 1938.

Takemusu Aikido

3

4

3 & **4** Nachdem er den Partner aus dem Gleichgewicht gebracht hat, macht Nage mit dem linken Fuß einen großen Schritt schräg nach vorn und führt den Arm des Partners mit der Vorwärtsbewegung nach unten.

5

5 Nage bringt seinen Körper auf eine Linie mit dem des Partners und führt seine linke Hand nach unten, um die tegatana zu greifen. Er nimmt die sankyo-Griffposition ein. Die Hand des Partners hält er dabei fest an seinem Oberkörper. Wichtig: Die Position von Nages linker Hand bleibt unverändert, während Nage mit links Ukes Hand in den sankyo-Griff übernimmt.

Hintergründe und Grundlagen

6

7

6 **7** & **8** Nage befreit seine rechte Hand und führt ein atemi zum Gesicht des Partners aus, während er mit dem rechten Fuß in einer Kreisbewegung eintritt.

8

Kommentar

Wenn Nage versucht, mit dem linken Fuß einzutreten und die sankyo-Griffposition einzunehmen, ohne zuvor den Partner aus dem Gleichgewicht gebracht zu haben, wird dieser die Technik kontern. Erst nachdem Uke das Gleichgewicht ganz verloren hat, kann Nage seinen linken Fuß an dessen Seite bringen. Nage hält die Hand des Partners an seinen Oberkörper. O-Sensei sagte: "Ihr müßt (wenn ihr sankyo ausführt) neben eurem Gegner stehen und euch mit einem atemi vor ihn drehen. Führt ihn zu Boden, indem ihr ihn schräg nach rechts vorn zieht." Beim sankyo-Bodenhebel hält Nage Ukes Hand zuerst in der sankyo-Griffposition. Dann übernimmt er Ukes tegatana mit der rechten Hand und hebelt.

9 & **10** Nage legt seine rechte Hand auf den Ellbogen des Partners und macht mit dem rechten Fuß einen Schritt nach hinten. Dabei führt er den Partner schräg nach rechts unten.

11 Nage übernimmt die Hand des Partners mit der rechten Hand. Er streckt seine linke Hand in Richtung Ukes Kopf, bringt gleichzeitig sein Zentrum nach vorn und verhebelt Ukes Arm.

Hintergründe und Grundlagen

1 Nage initiiert die Bewegung, indem er seine rechte tegatana entschlossen auf das Gesicht des Partners zuführt.

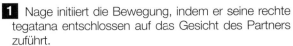

2 & **3** Uke blockt mit der rechten Hand, um sein Gesicht zu schützen. Nage faßt mit der rechten Hand fest den Ellbogen des Partners. Er führt seine Hand in einer kreisförmigen Bewegung nach unten und übernimmt die tegatana des Partners in den sankyo-Griff. Wichtig: Die ikkyo-Position wird bei dieser Ausführung von sankyo omote ausgelassen.

126

4 Nage gleitet mit der linken Hand zur tegatana des Partners und greift sie an der Handwurzel.

Kommentar

Es gibt zwei Methoden für den sankyo Griff. Die Eine entsteht aus der ikkyo Position heraus, die Andere durch die direkte Übernahme des tegatana des Partners. Sankyo wirkt durch die Verdrehung der tegatana nach oben. Man sollte diese beiden Varianten kennen. Beim morotedori Angriff zum Beispiel muß man zuerst die ikkyo Position erreicht haben, um dann den sankyo Griff zu vollziehen.

Takemusu Aikido

Shomenuchi sankyo omote (2)

5 6 & 7 Nage befreit seine rechte Hand und führt ein atemi zum Gesicht des Partners aus, während er mit dem rechten Fuß in einer Kreisbewegung eintritt.

5

6

7

127

9

8

8 & 9 Nage legt seine rechte Hand auf den Ellbogen des Partners und macht mit dem rechten Fuß einen Schritt nach hinten. Dabei führt er den Partner schräg nach rechts unten.

10 Zum Verhebeln am Boden streckt Nage seine linke Hand auf Ukes Kopf zu uns schiebt sein Zentrum nach vorn.

10

Hintergründe und Grundlagen

1

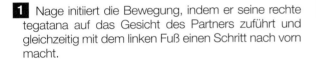

1 Nage initiiert die Bewegung, indem er seine rechte tegatana auf das Gesicht des Partners zuführt und gleichzeitig mit dem linken Fuß einen Schritt nach vorn macht.

2

2 Um die richtige Distanz herzustellen, setzt Nage seine Zehen vor Ukes Fuß. Er faßt mit der linken Hand den Ellbogen und mit der rechten Hand das Handgelenk des Partners.

Kommentar

128

Der sankyo-Hebel wird durch gleichzeitiges Heben und Drehen von Ukes Hand ausgeführt. Dabei darf Nage nicht mit dem linken Fuß nach vorn gehen. Wenn Nage mit dem rechten Fuß einen Schritt macht, kann man die Technik nicht mehr als sankyo ura bezeichnen. O-Sensei sagte: "Bei ura-Bewegungen müßt ihr euch stets drehen, bei omote-Bewegungen müßt ihr stets eintreten." Bei sankyo sollte Nage, nachdem er mit dem rechten Fuß bereits nach hinten weggedreht hat, damit nicht noch einmal einen Schritt nach vorn machen. Nage faßt Ukes Hand in der sankyo-Griffposition und führt ihn zu Boden, indem er erst den Fuß, der Uke am nächsten ist (hier der linke) und anschließend den inneren Fuß nach hinten zieht. Bei sankyo omote gibt es zwei Arten, die Hand des Partners zu halten. Bei der ersten übernimmt Nage Ukes Hand aus der ikkyo- in die sankyo-Griffposition, Bei der zweiten Möglichkeit läßt er die ikkyo-Position aus und greift die tegatana des Partners direkt. Dann verhebelt Nage den Arm des Partners, indem er dessen tegatana mit einer Drehbewegung nach oben führt. Man muß in der Lage sein, beide Variationen auszuführen. Bei morotedori sankyo beispielsweise kann man den Partner nicht in die sankyo-Griffposition übernehmen, ohne vorher die ikkyo-Position eingenommen zu haben

5

5 Nage führt Ukes Hand nach oben und hebelt. Gleichzeitig dreht er die Hüften nach links. Dann zieht er seine Hände nach unten, um den Partner aus dem Gleichgewicht zu bringen.

Takemusu Aikido

3 Nage dreht mit dem rechten Fuß nach hinten weg, während er mit beiden Händen gleichmäßigen Druck auf Ukes Arm ausübt.

4 Nage gleitet mit seiner linken Hand am Arm des Partners entlang zu dessen tegatana und faßt sie von unten. Er hält die tegatana des Partners mit der rechten Hand in der sankyo-Griffposition an seinem Oberkörper.

129

6 & **7** Nage legt seine rechte Hand auf den Ellbogen des Partners und führt ihn zu Boden. Dabei macht er erst mit dem linken, dann mit dem rechten Fuß einen Schritt nach hinten.

8 Zum Verhebeln am Boden streckt Nage seine linke Hand auf Ukes Kopf zu und schiebt sein Zentrum nach vorn.

Hintergründe und Grundlagen

1 Nage initiiert die Bewegung, indem er seine rechte tegatana auf das Gesicht des Partners zuführt und gleichzeitig mit dem linken Fuß einen Schritt nach vorn macht.

2 Um die richtige Distanz herzustellen, setzt Nage seine Zehen vor den Fuß des Partners. Dann dreht er nach hinten weg. Nage greift Ukes Ellbogen fest mit der rechten Hand.

130

5 Nage führt Ukes Hand nach oben und hebelt. Gleichzeitig dreht er die Hüften nach links. Dann zieht er seine Hände nach unten, um den Partner aus dem Gleichgewicht zu bringen.

6 & **7** Nage legt seine rechte Hand auf den Ellbogen des Partners und führt ihn zu Boden. Dabei macht er erst mit dem linken, dann mit dem rechten Fuß einen Schritt nach hinten.

Takemusu Aikido

3 Sofort darauf faßt er mit der rechten Hand die rechte tegatana des Partners.

4 Nage gleitet mit seiner linken Hand am Arm des Partners entlang zu dessen tegatana und faßt sie von unten. Er hält die tegatana des Partners mit der rechten Hand in der sankyo-Griffposition an seinem Oberkörper.

8 Zum Verhebeln am Boden streckt Nage seine linke Hand auf Ukes Kopf zu und schiebt sein Zentrum nach vorn.

Hintergründe und Grundlagen

1 & 2 Uke schlägt yokomenuchi. Nage macht mit dem linken Fuß einen Schritt schräg nach vorn (Fußposition bleibt gyaku-hanmi) und blockt den Schlag ab. Um die Vorwärtsbewegung des Partners aufzuhalten, streckt Nage seinen linken Arm etwas über dem Handgelenk gegen Ukes Unterarm. Gleichzeitig führt er mit der rechten Hand ein atemi zum Gesicht des Partners aus.

5 & 6 Nage bringt seinen Körper auf eine Linie mit dem des Partners und führt dessen linke Hand nach unten, um die tegatana zu greifen. Er nimmt die sankyo-Griffposition ein. Die Hand des Partners hält er dabei mit der linken Hand fest an seinem Oberkörper.

132

7 Nage befreit seine rechte Hand und führt ein atemi zum Gesicht des Partners aus, während er mit dem rechten Fuß in einer Kreisbewegung eintritt.

Takemusu Aikido

3 & **4** Nage kontrolliert mit der linken Hand den Ellbogen und hält mit der rechten Hand das Handgelenk des Partners. Er bringt den Arm des Partners vor sein Zentrum.

133

8 & **9** Nage legt seine rechte Hand auf den Ellbogen des Partners und macht mit dem rechten Fuß einen Schritt nach hinten. Dabei führt er den Partner schräg nach rechts unten.

10 Zum Verhebeln am Boden streckt Nage seine linke Hand auf Ukes Kopf zu und schiebt sein Zentrum nach vorn.

1 & **2** Uke schlägt yokomenuchi. Nage macht mit dem linken Fuß einen Schritt schräg nach vorn (Fußposition bleibt gyaku-hanmi) und blockt den Schlag ab. Um die Vorwärtsbewegung des Partners aufzuhalten, streckt Nage seinen linken Arm etwas über dem Handgelenk gegen Ukes Unterarm. Gleichzeitig führt er mit der rechen Hand ein atemi zum Gesicht des Partners aus.

3 Nage setzt die Zehen seines linken Fußes genau vor den Fuß des Partners und legt seine rechte Hand auf Ukes linke Hand.

4 Mit der linken Hand faßt Nage den Ellbogen, mit der rechten Hand das Handgelenk des Partners.

5 Nage dreht nach rechts hinten weg, während er mit beiden Händen gleichmäßgen Druck auf den Arm des Partners ausübt.

Takemusu Aikido

134

6

7

6 Nage gleitet mit seiner linken Hand am Arm des Partners entlang zu dessen tegatana und faßt sie von unten. Er hält die tegatana des Partners mit der rechten Hand in der sankyo-Griffposition an seinem Oberkörper.

7 Nage führt Ukes Hand nach oben und hebelt; gleichzeitig dreht er die Hüften nach links. Dann zieht er seine Hände nach unten, um den Partner aus dem Gleichgewicht zu bringen. Wichtig: Nage darf mit dem rechten Fuß keinen Schritt vorwärts machen !

135

8

9

8 Nage führt den Partner zu Boden. Dabei macht er erst mit dem linken, dann mit dem rechen Fuß einen Schritt nach hinten.

9 Zum Verhebeln am Boden streckt Nage seine linke Hand auf Ukes Kopf zu und schiebt sein Zentrum nach vorn.

Hintergründe und Grundlagen

1 & **2** Ausgangsstellung ist gyaku-hanmi. Uke greift Nages linke Hand. Nage macht mit dem linken Fuß einen Schritt zur Seite und führt gleichzeitig ein atemi zum Gesicht des Partners aus.

136

3 Nage faßt mit der rechten Hand die rechte Hand des Partners. Er legt seine rechte Hand auf das Handgelenk des Partners und dreht die Hüften kraftvoll nach rechts.

4 Nage bringt seine linke Hand zu Ukes Ellbogen und vollendet die Drehung. Er bricht das Gleichgewicht des Partners, indem er dessen Arm vor sein Zentrum führt.

Takemusu Aikido

Katatedori sankyo omote

5 & **6** Nage bringt seinen Körper auf eine Linie mit dem des Partners und greift dessen tegatana mit der linken und dessen Finger mit der rechten Hand. Er nimmt die sankyo-Griffposition ein. Die Hand des Partners hält er dabei fest an seinem Oberkörper.

7 8 & **9** Nage befreit seine rechte Hand und führt ein atemi zum Gesicht des Partners aus, während er mit dem rechten Fuß in einer Kreisbewegung eintritt.

10 Die Technik endet mit einem sankyo-Bodenhebel.

Hintergründe und Grundlagen

1 & **2** Ausgangsstellung ist gyaku-hanmi. Uke greift Nages linke Hand. Nage macht mit dem linken Fuß einen Schritt zur Seite und führt gleichzeitig ein atemi zum Gesicht des Partners aus.

5 Nage gleitet mit seiner linken Hand am Arm des Partners entlang zu dessen tegatana und faßt sie von unten. Er hält die tegatana des Partners mit der rechten Hand in der sankyo-Griffposition an seinem Oberkörper.

6 Nage führt Ukes Hand nach oben und hebelt; gleichzeitig dreht er die Hüften nach links. Dann zieht er seine Hände nach unten, um den Partner aus dem Gleichgewicht zu bringen.

Takemusu Aikido

3

4

3 & **4** Nage faßt mit der linken Hand fest den Ellbogen und mit der rechten Hand das Handgelenk des Partners. Um die richtige Distanz herzustellen, setzt er die Zehen seines linken Fußes vor Ukes Fuß. Dann dreht er mit dem rechten Fuß nach hinten weg und führt dabei den Arm des Partners vor sein Zentrum.

7

8

7 & **8** Nage legt seine rechte Hand auf den Ellbogen des Partners und führt ihn zu Boden. Dabei macht er erst mit dem linken, dann mit dem rechten Fuß einen Schritt nach hinten.

9 Zum Verhebeln am Boden streckt Nage seine linke Hand auf Ukes Kopf zu und schiebt sein Zentrum nach vorn.

9

Hintergründe und Grundlagen

1 & **2** Ausgangsstellung ist gyaku-hanmi. Uke greift mit beiden Händen Nages rechten Arm. Nage läßt Ki durch den Arm fließen, senkt gleichzeitig Hüften und Ellbogen und bringt seinen Arm vor sein Zentrum.

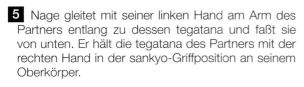

5 Nage gleitet mit seiner linken Hand am Arm des Partners entlang zu dessen tegatana und faßt sie von unten. Er hält die tegatana des Partners mit der rechten Hand in der sankyo-Griffposition an seinem Oberkörper.

Takemusu Aikido

3 & **4** Nage dreht seine Hüften nach innen auf den Partner zu. Er greift mit der rechten Hand Ukes rechtes Handgelenk und legt seine linke Hand auf Ukes Ellbogen. Er macht mit dem linken Fuß einen Schritt nach vorn und setzt seine Zehen auf eine Linie mit dem Fuß des Partners. Dann dreht er nach hinten weg und führt dabei den Arm des Partners vor sein Zentrum.

6 & **7** Nage führt Ukes Hand nach oben und hebelt, gleichzeitig dreht er die Hüften nach links. Dann zieht er die Hände nach unten, um den Partner aus dem Gleichgewicht zu bringen. Er führt den Partner zu Boden, indem er erst mit dem linken, dann mit dem rechten Fuß einen Schritt nach hinten macht.

8 Zum Verhebeln am Boden streckt Nage seine linke Hand auf Ukes Kopf zu und schiebt sein Zentrum nach vorn.

Kommentar

Nachdem Nage den Partner in die ikkyo-Position gebracht hat, bereitet er die sankyo-Griffposition vor. Dabei steht er neben dem Partner. Es gibt zwei Möglichkeiten, dies sankyo-Griffposition einzunehmen: über die ikkyo-Position oder direkt. Beide Arten sollten geübt werden.

6 VSicht aus einem anderen Winkel.

Hintergründe und Grundlagen

142

4 & **5** Er bringt den Partner aus dem Gleichgewicht, indem er dessen Arm vor sein Zentrum führt.

5 Sicht aus einem anderen Winkel.

1 & **2** Ausgangsstellung ist gyaku-hanmi. Nage verläßt die Angriffslinie nach links und führt dabei mit der rechten Hand ein atemi zum Gesicht des Partners aus. Dann faßt er mit der rechten Hand die Hand des Partners (hier nicht dargestellt).

3 Nage dreht die Hüften auf den Partner zu, gleichzeitig bringt er seine linke Hand zu Ukes Ellbogen.

3

6

7

143

6

6 & **7** Nage zieht seine linke Hand nach unten und faßt mit der rechten Hand die tegatana des Partners. Dann dreht Nage die Hüften, um den Arm des Partners zu verhebeln. Die weitere sankyo-omote-Verhebelung ist auf den Fotos nicht dargestellt.).

6 Sicht aus einem anderen Winkel.

Hintergründe und Grundlagen

1

1 & **2** Uke greift von hinten beide Hände Nages. Dieser streckt die Hände vor seinem Zentrum aus.

2

3

4

3 Nage dreht die Hüfte nach rechts und faßt mit der rechten Hand Ukes linke Hand in sankyo.

4 Er legt seine linke Hand auf den Ellbogen des Partners (Finger der Hand zeigen nach außen) und führt ihn zu Boden.

5

6

5 Nage sitzt ab und gleitet mit der linken Hand zum Handgelenk des Partners. Er hält das Handgelenk an seinem Oberkörper fest

6 Nage streckt seinen rechten Arm auf Ukes Kopf zu und hebelt.

Hintergründe und Grundlagen

1 & **2** Uke greift von hinten beide Hände Nages. Dieser streckt die Hände vor seinem Zentrum aus.

4 & **5** Nage greift mit der linken Hand die tegatana des Partners und verhebelt sie während er mit dem linken Fuß nach hinten wegdreht.

Takemusu Aikido

3 Nage dreht die Hüfte nach rechts und faßt mit der rechten Hand Ukes linke Hand in sankyo.

6 Nage legt seine linke Hand auf den Ellbogen des Partners und führt ihn zu Boden. Dabei macht er erst mit dem linken, dann mit dem rechten Fuß einen Schritt nach hinten.

7 Zum Verhebeln am Boden streckt Nage seine rechte Hand auf Ukes Kopf zu und schiebt sein Zentrum nach vorn.

Hintergründe und Grundlagen

1 & **2** Nage initiiert die Bewegung, indem er seine rechte tegatana auf das Gesicht des Partners zu streckt. Er wechselt in gyaku-hanmi, gleichzeitig führt er ein atemi zum Gesicht des Partners aus

148

3 Nage führt mit der rechten Hand die Hand des Partners nach unten. Dann faßt er sie mit der linken Hand. Er bewegt die Hand des Partners mit seiner linken Hand schräg nach links und schlägt dabei ein weiteres atemi zum Gesicht des Partners.

4

5

4 **5** & **6** Nage macht mit dem rechten Fuß einen Schritt unter Ukes Arm hindurch und dreht sich um 180°. Durch die Drehung wird der sankyo-Hebel wirksam. Die Endverhebelung ist hier nicht dargestellt.

6

149

Kommentar

Wenn der Angreifer auf das Gesicht zielt, macht Nage mit dem linken Fuß einen Schritt nach vorn und schlägt mit der linken Hand ein atemi zum Gesicht des Partners. Mit der rechten tegatana führt er die rechte Hand des Partners mit einer schneidenden Bewegung nach unten, um sie dann mit der linken Hand zu greifen. Er tritt unter den Arm des Partners und verhebelt dessen Hand

1 Nage initiiert die Bewegung, indem er seine rechte tegatana auf das Gesicht des Partners zu streckt.

150

2 Nage dreht mit dem rechten Fuß nach hinten weg. Unmittelbar darauf greift er Ukes Hand mit der linken Hand von unten in sankyo.

Takemusu Aikido

3

3 & **4** Nage stellt sich auf eine Linie mit dem Partner und verhebelt dessen Hand. Die Endverhebelung ist hier nicht dargestellt.

4

151

4 Sicht aus einem anderen Winkel.

4

Hintergründe und Grundlagen

1 Nage initiiert die Bewegung, indem er seine rechte Hand auf das Gesicht des Partners zuführt.

2 & **3** Er wechselt in gyaku-hanmi und greift mit der rechten Hand Ukes tegatana. Den Handrücken seiner linken Hand legt er auf Ukes Handrücken.

152

4

5

4 & **5** Nage macht mit dem linken Fuß einen Schritt nach hinten und verhebelt die Hand des Partners.

6

6 & **7** Nage setzt seinen linken Fuß vor den rechten Fuß des Partners. Dann dreht er mit dem rechten Fuß nach hinten. Die Hand des Partners hält er dabei in der sankyo-Griffposition an seinem Brustkorb.

7

Hintergründe und Grundlagen

1 **2** & **3**   Nage initiiert die Bewegung, indem er seine rechte Hand auf das Gesicht des Partners zuführt. Er bringt mit der rechten Hand die rechte Hand des Partners mit einer schneidenden Bewegung nach unten.

154

Kommentar

Nage initiiert den Angriff mit der rechten Hand. Wenn der Partner mit der rechten Hand blockt, greift Nage mit rechts die Finger des Partners von oben, gleichzeitig wechselt er das hanmi und bringt die Füße enger zusammen. Er legt seine linke Hand an den Handrücken der rechten Hand des Partners. Dann führt Nage den Arm des Partners mit einer schwungvollen Bewegung hinter ihn und dreht ihn dabei nach oben. Hier muß Nage ganz hinter den Partner treten. Bei dieser Technik nimmt Nage die sankyo-Griffposition ein, während er vor dem Partner steht

2 Darstellung aus einem anderen Blickwinkel.

4 Nage führt den Handrücken der rechten Hand des Partners zum Handrücken seiner linken Hand. Dann tritt er mit dem linken Fuß hinter den Partner.

3 & **4** Darstellung der sankyo-Handposition und der Rückwärtsbewegung aus einem anderen BlickwinkelStand.

Hintergründe und Grundlagen

5

6

5 & **6** Nage beugt Ukes tegatana mit der linken Hand nach innen. Er drückt mit der rechten Hand auf den Ellbogen des Partners und hebelt aus dem Stand.

5

5 Darstellung aus einem anderen Blickwinkel.

Takemusu Aikido

6 & 6 Darstellung der Endverhebelung aus einem anderen Blickwinkel.

1 Uke schlägt shomenuchi zu Nages Gesicht. Nage weicht dem Schlag aus, indem er die Angriffslinie verläßt und schräg nach innen eintritt.

2 Nage faßt mit rechts die linke Hand des Partners

158

2 Genaue Darstellung des Ergreifens der Partnerhand.

3 Er taucht unter dem Arm des Partners hindurch, dreht sich um 180° nach rechts und verhebelt den Arm.

4 Nage macht mit dem linken Fuß einen Schritt nach vorn und führt dabei Ukes Arm nach unten.

5 Nage legt die linke Hand auf den Ellbogen des Partners. Die sankyo-Endverhebelung ist hier nicht dargestellt.

Hintergründe und Grundlagen

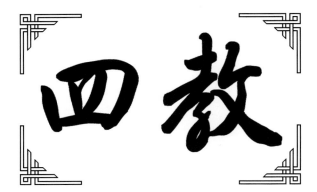

四教

Yonkyo

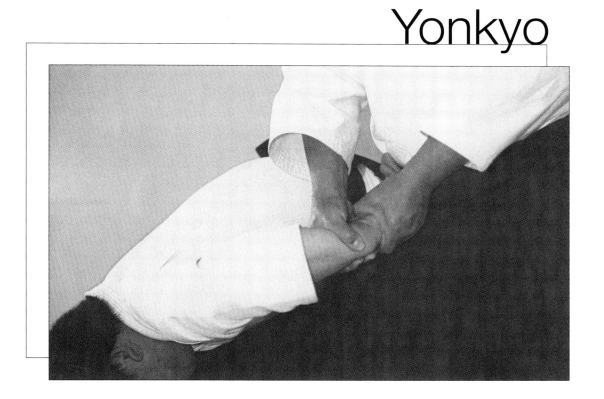

Hintergründe und Grundlagen

1 Nage initiiert die Bewegung, indem er seine rechte tegatana entschlossen auf das Gesicht des Partners zuführt

2 Uke blockt mit der rechten Hand, um sein Gesicht zu schützen. Nage greift mit der linken Hand fest Ukes Ellbogen und schiebt mit seiner tegatana Ukes Handgelenk nach unten.

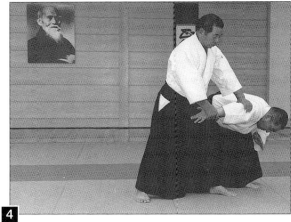

3 & **4** Nachdem er den Partner aus dem Gleichgewicht gebracht hat, macht Nage mit dem linken Fuß einen großen Schritt schräg nach vorn und führt den Arm des Partners mit der Vowärtsbewegung nach unten.

Kommentar

Yonkyo ist wirkungslos, wenn Uke nicht vollkommen aus dem Gleichgewicht gebracht wird. O-Sensei sagte: "Übt mit dem unteren Teil des Zeigefingers Druck auf den Unterarm des Partners in dem Bereich über der Elle aus.»

Takemusu Aikido

Shomenuchi yonkyo omote

5

6

5 Nage gleitet mit der linken Hand Daumen nach oben zu einer Stelle etwas über Ukes Handgelenk und übt Druck auf den dort befindlichen Nerv aus.

6 Nage macht einen Schritt schräg nach vorn und führt den Partner stehend zu Boden. Dabei lockert er den yonkyo-Griff nicht.

5 Morihei Ueshiba
aus seinem Buch Budo, 1938.

5

Hintergründe und Grundlagen

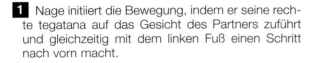

1 Nage initiiert die Bewegung, indem er seine rechte tegatana auf das Gesicht des Partners zuführt und gleichzeitig mit dem linken Fuß einen Schritt nach vorn macht.

2 Um die richtige Distanz herzustellen, setzt Nage seine Zehen vor Ukes Fuß.
Er faßt mit der linken Hand den Ellbogen und mit der rechten Hand das Handgelenk des Partners.

164

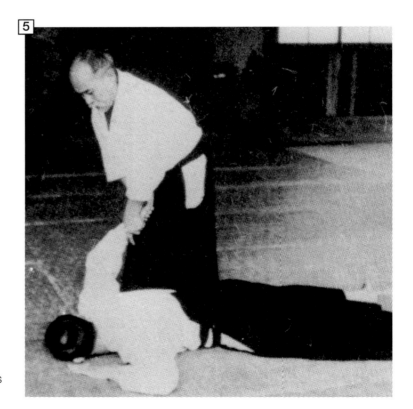

5 Morihei Ueshiba, Fotoauszug aus seinem Buch Budo, 1938.

Takemusu Aikido

3

4

3 Nage dreht mit dem rechten Fuß nach hinten weg, während er mit beiden Händen gleichmäßigen Druck auf Ukes Arm ausübt.

4 Nage gleitet mit seiner linken Hand am Arm des Partners entlang zu einer Stelle etwas über dem Handgelenk. Er führt den Arm des Partners nach oben und dreht ihn dabei. Gleichzeitig übt er Druck auf den Nerv über dem Handgelenk aus.

165

5

5 Nage dreht mit dem rechten Fuß nach hinten weg, ohne den yonkyo-Griff zu lockern. Er hebelt aus dem Stand.

Kommentar

O-Sensei sagte : « Nachdem ihr den Arm wie bei sankyo gedreht und nach oben geführt habt, könnt ihr yonkyo ausführen. » Die Grundform des yonkyo-Hebels ist eine Drehbewegung des Arms nach oben, während gleichzeitig Druck nach unten ausgeübt wird. Dadurch werden die günstigsten Bedingungen für die Anwendung der Technik geschaffen. Nage wird den Hebel nur schwer ausführen können, wenn er lediglich zur Seite des Partners dreht und yonkyo-Druck ausübt. Er darf erst hebeln, nachdem er die Drehung ausgeführt und die Hand des Partners nach oben gedreht hat.

1 & **2** Uke schlägt yokomenuchi. Nage macht mit dem linken Fuß einen Schritt schräg nach vorn (Fußposition bleibt gyaku-hanmi) und blockt den Schlag ab. Um die Vorwärtsbewegung des Partners aufzuhalten, streckt Nage seinen linken Arm etwas über dem Handgelenk gegen Ukes Unterarm und führt gleichzeitig mit der rechten Hand ein atemi zu Ukes Gesicht aus.

5 & **6** Nage macht mit dem linken Fuß einen Schritt schräg nach vorn. Dann gleitet er mit der linken Hand Daumen nach oben zeigend zu einer Stelle etwas über Ukes Handgelenk und übt Druck auf den dort befindlichen Nerv aus.

3

4

3 & **4** Nage kontrolliert mit der linken Hand den Ellbogen greift mit der rechten Hand das Handgelenk und bringt den Arm des Partners vor sein Zentrum.

167

7

7 Nage macht einen Schritt schräg nach vorn, um den Partner aus dem Gleichgewicht zu bringen. Dabei lockert er den yonkyo-Griff nicht. Die Endverhebelung wird stehend ausgeführt.

Hintergründe und Grundlagen

1 & **2** Uke schlägt yokomenuchi. Nage macht mit dem linken Fuß einen Schritt schräg nach vorn (Fußposition bleibt gyaku-hanmi) und blockt den Schlag ab. Um die Vorwärtsbewegung des Partners aufzuhalten, streckt Nage seinen linken Arm etwas über dem Handgelenk gegen Ukes Unterarm und führt gleichzeitig mit der rechten Hand ein atemi zu Ukes Gesicht aus.

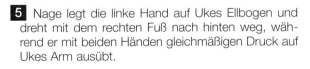

5 Nage legt die linke Hand auf Ukes Ellbogen und dreht mit dem rechten Fuß nach hinten weg, während er mit beiden Händen gleichmäßigen Druck auf Ukes Arm ausübt.

6 & **7** Nage gleitet mit seiner linken Hand am Arm des Partners entlang zu einer Stelle etwas über dem Handgelenk. Er führt den Arm des Partners wie bei sankyo nach oben und dreht ihn dabei. Dann übt er Druck auf den Nerv am Handgelenk aus.

Takemusu Aikido

3 Nage setzt die Zehen seines linken Fußes vor Ukes Fuß.

4 Er faßt mit der linken Hand den rechten Ellbogen und mit der rechten Hand das Handgelenk des Partners.

169

8 Nage dreht mit dem rechten Fuß nach hinten weg, ohne den yonkyo-Griff zu lockern. Er hebelt aus dem Stand.

Kommentar

O-Sensei sagte: "Führt den Arm nach oben und verdreht ihn wie bei sankyo."

Hintergründe und Grundlagen

1 & **2** Uke greift aus rechtem hanmi beide Hände Nages. Nage macht einen kraftvollen Schritt nach links und befreit seine rechte Hand, indem er seinen Ellbogen nach innen bringt. Er faßt mit rechts Ukes rechte Hand.

Nage muß den Partner aus dem Gleichgewicht bringen und die Hüften drehen; den Arm des Partners hält er vor seinem Brustkorb. Dann bringt er seine linke Hand von unten zum Unterarm des Partners und faßt das Handgelenk in der yonkyo-Position, mit der rechten Hand faßt er das Handgelenk des Partners. Er versetzt die linke Hand etwas, um Druck auf den Nerv ausüben zu können. Die yonkyo-Griffposition darf nicht von oben eingenommen werden. Nage muß das Gleichgewicht des Partners brechen und darf das Handgelenk nur leicht greifen. Der Druck auf den Nerv wird auf die gleiche Weise wie bei shomenuchi yonkyo omote ausgeübt. Man führt den Partner erst nach oben und dann mit einem Hebel zu Boden.

Takemusu Aikido

3 & **4** Nage wechselt in gyaku-hanmi und greift mit der linken Hand fest den Unterarm, mit der rechten Hand das Handgelenk des Partners. Dabei führt er die gleiche Drehbewegung wie in sankyo aus.

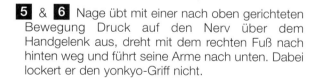

5 & **6** Nage übt mit einer nach oben gerichteten Bewegung Druck auf den Nerv über dem Handgelenk aus, dreht mit dem rechten Fuß nach hinten weg und führt seine Arme nach unten. Dabei lockert er den yonkyo-Griff nicht.

7 Die yonkyo-Endverhebelung erfolgt aus dem Stand.

5 Sicht von der anderen Seite.

Hintergründe und Grundlagen

1 & **2** Ausgangsstellung ist gyaku-hanmi. Uke greift mit beiden Händen Nages rechten Arm. Nage läßt Ki durch den Arm fließen, senkt gleichzeitig Hüften und Ellbogen und bringt seinen Arm vor sein Zentrum.

5 & **6** Nage gleitet mit seiner linken Hand am Arm des Partners entlang zu einer Stelle etwas über dem Handgelenk. Er führt den Arm des Partners wie bei sankyo nach oben und dreht ihn dabei. Dann übt er Druck auf den Nerv über dem Handgelenk aus.

Takemusu Aikido

3

4

3 Nage dreht seine Hüften nach innen auf den Partner zu. Er greift mit der rechten Hand Ukes rechtes Handgelenk und legt seine linke Hand auf Ukes Ellbogen.

4 Er macht mit dem linken Fuß einen Schritt nach vorn und setzt seine Zehen auf eine Linie mit dem Fuß des Partners. Dann dreht er nach hinten weg und führt dabei den Arm des Partners vor sein Zentrum.

173

7

7 Nage dreht mit dem rechten Fuß nach hinten weg, ohne den yonkyo-Griff zu lockern. Er hebelt aus dem Stand.

Kommentar

Sowohl die omote- als auch die ura-Form von morotedori yonkyo sind leichter auszuführen, wenn eine Hand Druck auf den yonkyo-Nerv ausübt, während die andere den Arm des Angreifers im Bereich des Handgelenks hält. Die Technik ist besonders einfach, wenn Nage mit Zeigefinger und Daumen etwas über dem Handgelenk greift.

1 & **2** Ausgangsstellung ist gyaku-hanmi. Uke greift Nages Schulter. Nage verläßt die Angriffslinie nach links und führt dabei mit der rechten Hand ein atemi zum Gesicht des Partners aus.

3 Nage faßt mit der rechten Hand von oben die Hand des Partners, ohne sie von der Schulter zu lösen. Nage dreht die Hüften kraftvoll auf den Partner zu. Gleichzeitig bringt er seine linke tegatana zu Ukes Ellbogen. Dadurch wird Uke gezwungen, die Schulter loszulassen.

4 Sicht aus einem anderen Winkel.

5 Yonkyo Griff aus einem anderen Blickwinkel.

174

Takemusu Aikido

Katadori yonkyo omote

4

5

4 Nage bringt den Partner aus dem Gleichgewicht, indem er dessen Arm vor sein Zentrum führt.

6

175

5 & **6** Ohne den Griff der rechten Hand an Ukes Handgelenk zu lösen, übt Nage Druck auf den yonkyo-Nerv aus und führt den Partner zu Boden

6

6 Darstellung des Handwechsels für yonkyo aus einem anderen Blickwinkel..

Hintergründe und Grundlagen

Schlagwortregister

ai hanmi :	beide Partner stehen gleich
aïki jo :	Stab im Aikido
aïki ken :	Schwert im Aikido
Aïkikaï Hombu Dojo :	Zentrale des weltweit größten Aikido-Verbandes
atemi :	Schlag zu wichtigen Körperstellen
bokken :	Holzschwert
Daito-ryu aikijujutsu :	Jujutsu-Schule ; Vorläufer des Aikido in technischer Sicht
Deguchi Onisaburo (1871-1948) :	geistiger Führer der religiösen Omoto-Sekte ; übte starken Einfluß auf Morihei Ueshiba aus
dojo des Kobukan :	Name der Schule im Shinjuku-Bezirk Tokios, die Morihei Ueshiba in den Vorkriegsjahren führte
gyaku hanmi :	beide Partner stehen entgegengesetzt
henka :	Veränderung, Variation
henkawaza :	Variation einer Technik
ikkyo :	erste Stufe der Lehre
jo :	Stab
katadori :	Griff an der Schulter
katatedori :	Griff einer Hand
ken :	Schwert
ki :	geistige Kraft oder Energie
kokyuho :	Name der Schule im Shinjuku-Bezirk Tokios, die Morihei Ueshiba in den Vorkriegsjahren führte
kosadori :	Griff einer Hand über Kreuz
kuden :	mündliche Lehre
morotedori :	Griff beider Hände (beide Hände greifen eine Hand)
munadori :	Griff am Revers
nikyo :	zweite Stufe der Lehre
O-Sensei :	wörtl. « Großer Lehrer » ; Ausdruck des Respektes gegenüber Morihei Ueshiba
omote :	Vorderseite ; Nage tritt ein
Omotokyo :	shintoistische Sekte, die ihre Blütezeit im Japan des frühen 20. Jahrhunderts erlebte
oyowaza :	angewandte Technik
ryotedori :	Griff beider Hände (eine Hand greift eine Hand)
sankyo :	dritte Stufe der Lehre
shomenuchi :	gerader Schlag von vorn zum Kopf
sodedori :	Greifen des Ärmels (in Höhe des Ellbogens)
sodeguchidori :	Greifen des Ärmelaufschlags
suwariwaza :	Ausführung der Technik im Sitzen
tai no henko :	Versetzen des Körpers ; Positionsveränderung ; Übung zur Verbesserung der Körperdrehungr
taijutsu :	Körperdrehung
Takeda Sokaku (1859-1943) :	Daito-ryu aikijujutsu-Lehrer ; verbreitete Daito-ryu in Japan ; wichtigster Kampfkunstlehrer Morihei Ueshibas
takemusu aiki :	« aiki, Vorläufer der Kampftechniken » ; bezieht sich auf die höchste Stufe der spontanen Ausführung von Aikido-Techniken
tegatana :	« Schwerthand »
Ueshiba Morihei (1883-1969) :	Begründer des Aikido
ura :	Rückseite ; Nage dreht wegt
ushiro :	Rückseite
yokomenuchi :	Schlag zum Kopf von der Seite
yonkyo :	vierte Stufe der Lehre

Morihiro Saito

Hintergründe und Grundlagen

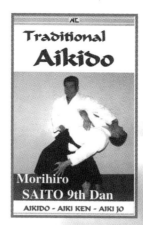

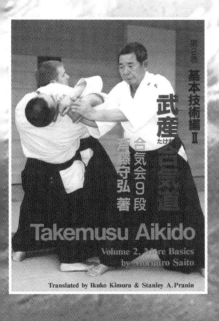

Originaltitel
Takemusu Aikido, Background & Basics

© 1994 by AIKI NEWS - All rights reserved - Tokio - Japan

© 1999 BUDÔ CONCEPTS (Figueras, Spanien)
für die deutsche Ausgabe.

Druck : SCHAUBROECK (Nazareth, Belgien)

ISBN: 84-930534-0-6

Drucklegung : Juni 1999